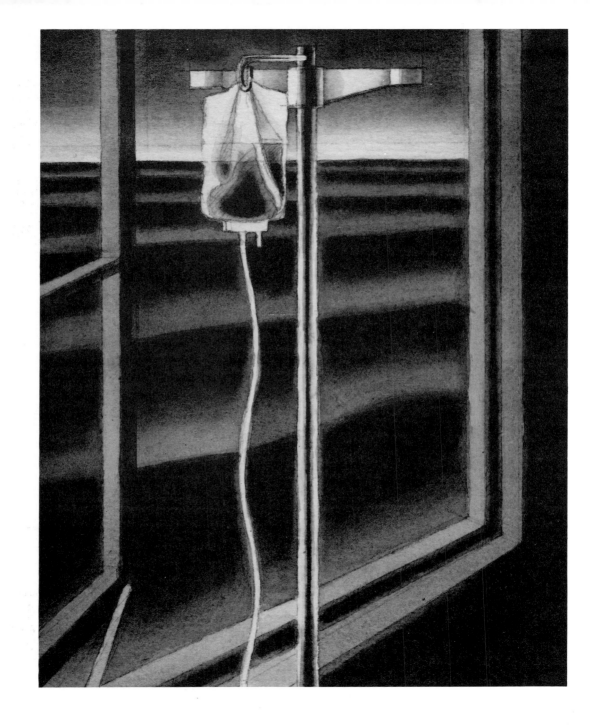

OMBRE
ET LUMIÈRE

Images du cancer
par Robert Pope

LANCELOT PRESS
HANTSPORT, NOVA SCOTIA

ISBN 0-88999-583-4
Publié en anglais 1991
Traduit en français 1995

LANCELOT PRESS LIMITED, Hantsport, Nouvelle-Écosse
Bureau et ateliers de production localisés à l'endroit suivant,
Highway No. 1, 1/2 mille à l'Est de Hantsport.

ADRESSE POSTALE
Casier postal 425, Hantsport, Nouvelle-Écosse, B0P 1P0

Page couverture :
Hug [Étreinte], 1990 (détail)
Acrylique sur toile, 182,9 x 78,7 cm

Frontispice (page 2) :
Intravenous Solution and Ocean [Solution intraveineuse et océan], 1991
Acrylique sur papier, 24,5 x 19,1 cm

Quatrième page de couverture :
Sparrow [Moineau], 1989

Acrylique sur toile, 61 x 76,2 cm

Dédicace

À ma famille,

à Ross Langley et à Wayne Diotte, deux thérapeutes qui m'ont aidé à vaincre la maladie et à conserver la santé,

et à tous ceux qui sont atteints du cancer.

Table des matières

Remerciements

La traduction française de ce livre a été rendue possible grâce à la compréhension dont a fait preuve le doyen de la Faculté de médecine de l'Université Laval, le docteur Louis Larochelle. Après avoir pris connaissance du texte anglais, le Doyen a compris très rapidement qu'il était important pour les étudiants en médecine et les médecins de nos milieux francophones de prendre connaissance de cette expérience vécue par un jeune homme artiste luttant contre un cancer pendant une dizaine d'années.

Les éditeurs de la version anglaise remercient chaleureusement le Doyen Larochelle ainsi que les autorités de la Faculté de médecine de l'Université Laval qui ont accepté généreusement d'assumer les frais de cette traduction.

Des remerciements s'adressent également au docteur Carlos Brailovsky, directeur du Centre d'évaluation des sciences de la santé de l'Université Laval, pour sa collaboration et le choix judicieux du traducteur de ce livre, monsieur Daniel Charron ainsi qu'à madame Françoise Cordeau pour le soin qu'elle a apporté à la révision du manuscrit. Monsieur Charron a voulu que le texte français soit non seulement fidèle à la version originale mais qu'il reflète aussi la spontanéité et la richesse d'expression de l'auteur. Monsieur Charron doit être félicité pour le professionnalisme dont il a fait preuve dans la traduction de ce texte.

Avant-propos par Louis Larochelle, M.D., doyen de la Faculté de médecine de l'Université Laval

Ce livre relate une expérience humaine tout à fait unique. L'auteur, à la fois patient, écrivain et artiste, décrit dans des termes émouvants à l'aide d'images d'un réalisme parfois troublant, toutes les étapes de sa longue lutte contre le cancer. Dans un tel contexte, le lecteur devient un acteur principal de ce drame, partage avec l'auteur les moments douloureux, les faux-espoirs ainsi que les périodes de rémission où tous les espoirs sont permis. Enfin, après plusieurs années les ombres ont disparu et la lumière apparaît enfin, toute brillante. Le livre se termine donc sur une note optimiste. Malheureusement, cet être exceptionnel décédait le 25 janvier 1992 des complications du traitement à la suite d'une rédicive de son cancer. Il n'avait que 35 ans.

Robert Pope n'est plus, mais son texte et ses images lui survivent et seront source d'inspiration aux patients, à leurs familles, aux médecins et, surtout, aux étudiants en médecine. Il aura contribué à mettre en évidence l'importance des valeurs humaines en médecine, une dimension souvent oubliée, compte tenu de l'importance qu'on accorde aux nouveaux développements de la recherche et de la technologie.

Même si les progrès de la médecine scientifique ont contribué à une amélioration notable de la qualité des soins, l'image du médecin comme « humaniste » est souvent mise en doute. Nos écoles de médecine, dont celle de Laval, sont de plus en plus conscientes de la nécessité d'inclure dans le curriculum l'enseignement de l'humanisme. À l'Université Laval, par exemple, les critères d'admission comprennent des épreuves psychosociales permettant d'identifier les candidats pour qui la dimension humaine de la médecine est importante.

Cependant, il importe à chaque futur médecin de développer les attitudes essentielles à de bonnes relations patient-médecin, entre autres, le respect et la compassion. Ce volume, souhaitons-le, sera utile aux étudiants de nos facultés de médecine francophones. La Faculté de médecine de l'Université Laval, en acceptant de traduire ce livre en français, est d'avis que les enseignements qu'on y trouve ont une valeur pédagogique indéniable. Bonne lecture à tous.

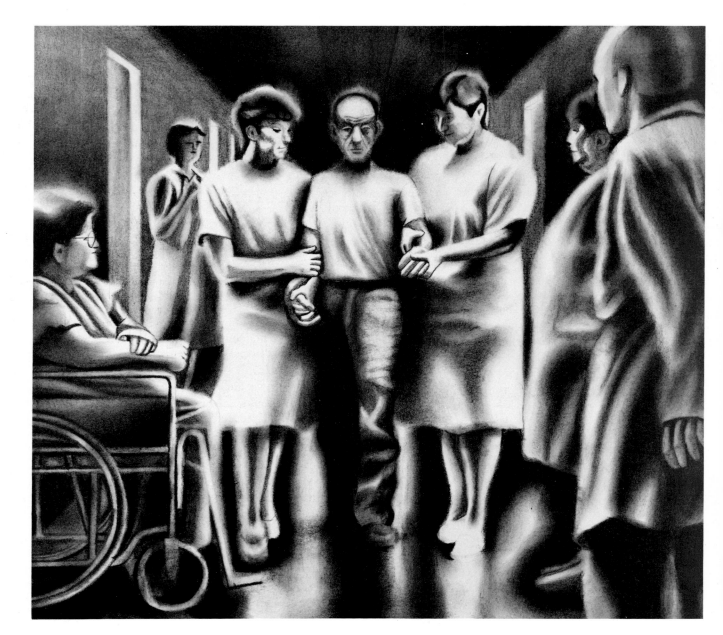

Préface par le Dr Ross Langley

Comment ne pas s'émouvoir devant ces tableaux? Je crois que tous les patients cancéreux et leur famille vont se reconnaître dans le combat que mène depuis dix ans un jeune homme déterminé devant la maladie.

Je ne le lui ai jamais demandé, mais j'ai toujours pensé qu'en peignant ces tableaux, Robert Pope voulait partager avec nous tous, – patients, membres de la famille, médecins et amis –, les véritables réactions du malade face au diagnostic, au traitement et à la guérison d'une maladie mortelle. Pour les étudiants en médecine, ce livre a sa place auprès d'œuvres classiques, comme le récit qu'ont publié Daisy Tagliacozzo et Hans Mauksch en 1972 sur l'aspect humain de la médecine et le point de vue du patient. Dans les deux cas, on ne nous dit pas ce qu'on aimerait entendre ou voir, mais bien ce qu'on doit savoir.

La recherche scientifique et les sciences humaines doivent s'unir pour combattre la maladie. Ce n'est pas toujours le cas; malgré la meilleure volonté possible, il y a souvent un manque de part et d'autre. Nous devons à la recherche scientifique toute la connaissance et la technique qui ont tant fait progresser la médecine moderne. Et, bien que le début du vingtième siècle ait vu naître un «humanisme nouveau», ce n'est qu'au cours des vingt dernières années, grâce aux travaux, entre autres, de Pellegrino, qu'on a constaté, d'une part, l'appauvrissement mutuel des sciences humaines et de la médecine et, d'autre part, la nécessité de mener des recherches sur le rôle des sciences humaines en médecine et d'en appliquer les résultats d'une manière soutenue. La présente recherche sur la condition humaine représente un effort dans ce sens. Nous devons ce travail à Robert Pope, mais aussi au Conseil des Arts du Canada, aux patients et aux hôpitaux de Halifax et de Toronto, qui lui ont donné leur appui.

Ci-contre :
New Steps [Nouveau départ], 1990
Fusain sur papier, 34,7 x 39 cm

9

Holding Hands [Poignée de main], 1991
Encre sur papier, 11,4 x 8,8 cm

Introduction par Jean Cameron

Ce livre jette un regard direct, intense et lucide sur la lutte répétée qu'a dû livrer un homme contre le cancer. En un sens, c'est l'histoire de tous les malades cancéreux. Pour Robert Pope, le cancer est brutal, affreux, mauvais, et son traitement, «un véritable enfer».

Les mots et les images nous montrent la souffrance – physique, affective, sociale et spirituelle –, mais cachent le courage d'un homme, artiste et écrivain. Ce livre est un témoignage bouleversant.

Ici, la parole n'aurait pas suffi à décrire un tel voyage au cœur de la maladie : le diagnostic et le traitement, les périodes d'accalmie, les espoirs déçus, le terrible retour du mal et, enfin, le bien-être de la guérison.

La froideur des soins hospitaliers prend des couleurs dramatiques : le défilé des fauteuils roulants devient une chaîne de montage, une dame est réduite à un bout de pellicule et la salle de radiothérapie se retrouve en pleine science-fiction.

Puis, à l'aspect inhumain des traitements, Robert Pope oppose la trop grande promiscuité des étrangers. On a besoin parfois d'être seul. Il peut être humiliant d'être malade au vu et au su de tous et d'avoir à jouer en public les scènes les plus secrètes et les plus intimes de la vie et de la mort.

Cependant, nos proches, ceux qui comptent pour nous, sont toujours là dans les joies et les peines. Robert Pope connaît toute l'importance et la complexité des liens affectifs. Il sait toute la force apaisante et régénératrice de l'amour, qu'il exprime à sa mère dans un hommage tendre et poignant.

Ombre et lumière nous dévoile sans fard le lot des patients : les injections douloureuses, la nausée persistante, les moments où l'on voudrait mourir, la puissance et les limites de la médecine.

Cependant, on sent que Robert Pope a réussi à transcender la douleur. Son recul lui a fourni une meilleure perspective. Il a su reconnaître les signes de spiritualité et les symboles religieux et faire de son expérience un outil de création.

Lorsqu'il regarde par la fenêtre de sa chambre d'hôpital, on a l'impression que la nature lui semble plus belle que jamais. Il n'essaie pas de fuir ou de se soustraire à la faiblesse et à la douleur, mais 11 il affirme plutôt son appartenance à la vie, quelles que soient sa forme ou son état. Il y participe pleinement, sans se laisser isoler par son destin. Pour lui, les fleurs et les arbres, le petit oiseau et les hautes montagnes sont autant de symboles d'espoir et de survie. Il partage ces bienfaits avec tous ceux qui regarderont et liront ce livre.

Le Dr Vicktor Frankl disait que, par notre attitude, il était possible de surmonter une situation en apparence désespérée. Je crois bien que Robert Pope y a réussi. Ce qui lui est arrivé constitue probablement l'expérience la plus douloureuse et la plus difficile de sa vie. Son courage et son attitude témoignent de sa réalisation en tant qu'être humain.

Jean Cameron a travaillé au centre de soins palliatifs de l'hôpital Royal Victoria, à Montréal. Elle habite maintenant à Phillipsburg, au Québec. Elle est l'auteur de *Time to Live, Time to Die*, qui a été traduit en plusieurs langues.

Remerciements

Je veux tout d'abord exprimer ma gratitude au Dr Ross Langley pour m'avoir soigné et conseillé, pour avoir préfacé ce livre et m'avoir apporté une aide inestimable tout au long de ce projet. Merci également aux infirmières du *Victoria General Hospital* : Gloria Repetto, Janet Copeland, et toutes celles de l'aile 8-ouest; merci à Sandy Redden et à son équipe de l'aile 4-A. Merci également aux membres du personnel : Chris Hansen, des relations publiques, l'aumônier Ed Fiander, les Drs Drew Bethune, Audley Bodurtha, George Carruthers, Fred Wilms et Vanora Haldane. Merci à Tia Cooper et à Annette Penny, du *Izaak Walton Killam Hospital*; au Dr Emerson Moffitt et à Harry Churchill, de la *Cancer Treatment and Research Foundation*; merci à Katherine Miner, à Leslie Dutton et au Dr Simon Sutcliffe, du *Princess Margaret Hospital*.

Plusieurs personnes m'ont servi de modèles et il serait trop long de les énumérer. Je veux cependant témoigner ma reconnaissance à tous les patients des hôpitaux à qui j'ai rendu visite, et à tous mes amis qui ont accepté de poser pour moi et qui ont formulé des critiques et des commentaires constructifs.

Je remercie également le Conseil des Arts du Canada pour les deux bourses annuelles qui m'ont été accordées. Merci à Jean Cameron pour son introduction et ses bonnes paroles; merci à Mern O'Brien et à Susan Gibson-Garvey, de la *Dalhousie Art Gallery*, et à Ineke Felderhof-Graham, du *Studio 21*. Merci à Horst Deppe pour le design.

Enfin, je veux remercier ma famille : merci à mon frère Doug, qui a été l'instigateur de ce projet, à ma sœur Janet et à ma mère Isabel, pour leurs suggestions, et à mon père Bill, pour ses talents d'éditeur.

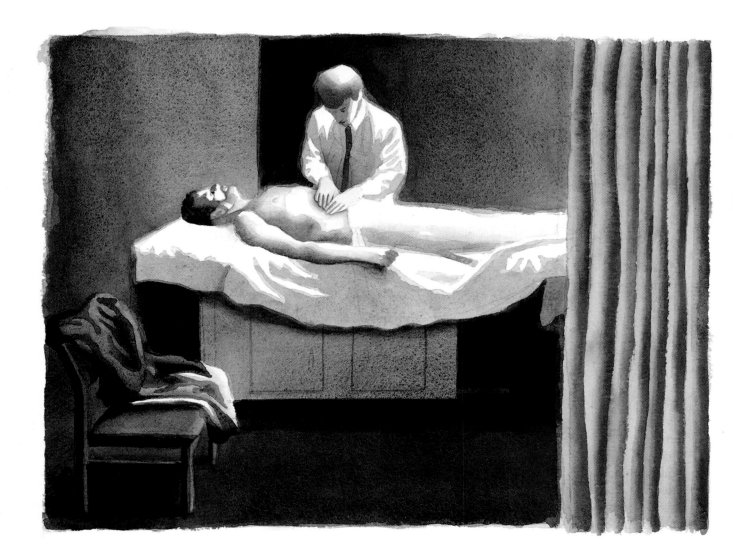

1

Ma propre expérience

C'est au printemps que j'ai constaté le premier symptôme du cancer. La matinée était radieuse et le soleil inondait la salle de bains. En me rasant, debout devant le lavabo, je remarquai une bosse sur mon cou, d'une grosseur surprenante : la moitié d'une balle de golf. Je savais que ce n'était pas normal.

Petit à petit, j'en vins à me douter qu'il se passait quelque chose de grave. Je me revois assis dans le bureau de mon médecin de famille. Il ne semblait pas préoccupé outre mesure, mais me conseilla de voir un spécialiste. Ce dernier, par contre, me parut beaucoup plus inquiet lorsqu'il m'annonça que je devrais subir des tests à l'hôpital. Il ne m'en avait rien dit, mais il savait déjà que j'avais un cancer.

Au cours des semaines d'examens à l'hôpital, j'ignorais encore ce qui se passait. Je me rappelle mon réveil après une anesthésie générale et la silhouette floue de deux de mes amis; ils faisaient des blagues et cela me faisait mal de rire. Je me revois encore dans le corridor, en robe de chambre, en train de parler à mes parents d'un téléphone public. Mon frère m'avait apporté des ouvrages de Dostoïevski. Les médecins, qui me faisaient de courtes visites, me semblaient distants. Les infirmières vérifiaient souvent ma tension et ma température. Je m'aperçus que j'aimais leur présence et que je les admirais. C'était un défilé incessant de

Ci-contre :
Abdominal Examination
[Examen de l'abdomen], 1989
Acrylique sur papier, 24 X 34 cm

15

techniciens, qui venaient effectuer des tests sanguins, m'emmenaient passer une radiographie ou encore différents examens. Je passais une grande partie de mes journées étendu sous une machine.

Je commençais à en avoir assez et demandai aux médecins de me dire exactement ce que j'avais. On me répondit que je souffrais de la maladie de Hodgkin, forme de cancer du système lymphatique. J'avais des ganglions cancéreux au cou, aux aisselles, à l'aine et à quelques autres endroits. On ignore encore les causes de cette maladie. Les médecins m'assurèrent cependant que c'était une des formes de cancer les plus faciles à soigner et que, malgré l'état avancé de la maladie, mes chances de rémission complète étaient de soixante-quinze pour cent. Les traitements de chimiothérapie allaient commencer le lendemain.

Dans une certaine mesure, les dernières semaines m'avaient préparé à cette nouvelle, et la perspective d'une guérison en atténuait le choc. Cependant, le mot «cancer» est tellement lourd de sens qu'il produit à lui seul un effet terrible. J'étais terrassé. Comment réagir autrement quand un étranger vous apprend que vous avez un cancer? La hantise du mystérieux traitement me laissait tout aussi abasourdi. Pourquoi devait-il commencer si tôt? Quand un spécialiste en blouse blanche affirme que vous avez une possibilité sur quatre de mourir, cela produit un effet extrêmement désagréable. La veille de la première journée de traitement, quinze visiteurs étaient assis autour de mon lit. Je ne savais plus si j'étais à une fête ou à une veillée funèbre.

Le mot «chimiothérapie» désigne un traitement thérapeutique utilisant des produits chimiques. Celui que j'ai suivi, MOPP, est un amalgame de quatre drogues. Le «M» représente la moutarde azotée, principale composante du gaz moutarde utilisé comme arme chimique. C'est une véritable guerre que la médecine moderne allait livrer dans mon corps. Deux drogues m'étaient injectées dans le bras, et les deux autres étaient administrées sous forme de comprimés. Le traitement complet était formé de cycles de quatorze jours et dura six mois : comprimés quotidiens et injections les premier et huitième jours. Chaque cycle était suivi d'une pause de quatorze jours.

À la fin de l'après-midi, une infirmière apportait un plateau rempli de seringues et de flacons de pilules. À quatre heures, un médecin portant des gants venait me piquer au bras; injecter toute la drogue prenait environ dix minutes. Je ressentais alors comme une brûlure dans les veines et un goût de métal me venait à la bouche. J'allais ensuite m'asseoir au salon avec mon père. Un roman feuilleton passait à la télévision, avec tous ces beaux acteurs et leurs problèmes qui me semblaient bien loin de mes préoccupations.

En chimiothérapie, la drogue suit le flux sanguin pour y détruire les cellules malades. Malheureusement, elle s'attaque aussi à des cellules saines, ce qui engendre des effets secondaires, dont la stérilité. Après chaque traitement, j'éprouvais une réaction plus forte et les effets en vinrent à tout éclipser, même la maladie. Mon existence s'organisait en fonction des journées de traitement. Je pouvais vomir sans arrêt durant cinq heures. Les trois ou quatre jours suivants, la nausée s'atténuait, mais j'étais encore sérieusement malade. Il arrivait que la perte de cellules sanguines normales fasse descendre ma numération globulaire à un niveau critique, si bien qu'on devait suspendre le traitement pendant des jours ou des semaines.

Le combat fut difficile durant cette période. Ce qui m'a surtout aidé, c'est le soutien de ma famille et l'espoir d'une guérison. Finalement, après sept mois, le traitement toucha à sa fin et on répéta toute la batterie de tests. Je me sentais comme un étudiant qui attend le résultat de son examen ou un accusé en attente du verdict.

Les tests ne révélèrent aucune trace de cancer et on me considéra comme parfaitement rétabli. Mon retour à la santé fut de courte durée; quatre mois plus tard, les traces de cancer étaient réapparues sur mon cou. Les médecins proposèrent immédiatement de répéter le traitement de six mois, mais cette fois avec des drogues nouvelles, «meilleures». Bien que moins fortes, les

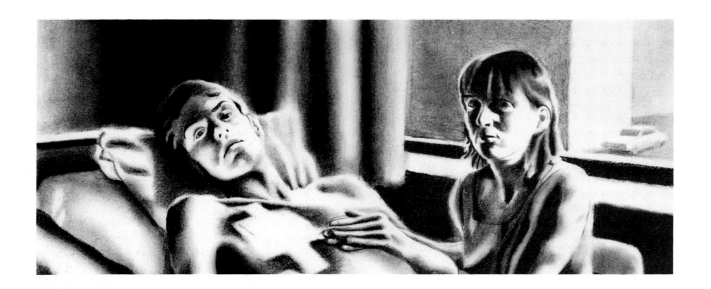

Ci-dessus :
Surgery [Chirurgie], 1990 (détail)
Fusain sur papier, 32,9 X 37,2 cm

Ci-contre :
Progress [Progrès], 1990
Fusain sur papier, 40,6 X 27 cm

chances de guérison étaient encore bonnes. J'acceptai à con-
trecœur. Tout juste avant de m'injecter les nouvelles drogues, le
médecin m'assura que, cette fois, je ne serais pas malade. J'aurais
bien voulu le croire, mais je savais qu'il mentait.

Ce furent les pires moments de ma vie. L'idée la plus sombre
que j'avais de l'enfer n'était rien à côté de ce que je vivais. Le
premier traitement de chimiothérapie m'avait affaibli et les effets
secondaires se faisaient plus violents. Il m'arrivait de souffrir
tellement que je pensais en mourir. Ma famille devait me forcer
àaller à l'hôpital recevoir les injections. Cette fois encore, le
traitement fut interrompu en raison de mon faible taux de globules blancs. Mes amis venaient me voir moins souvent et je
compris alors que le cancer engendrait la solitude.

À grand-peine, je vins finalement à bout du second traitement. On me déclara guéri mais, encore une fois, le mal réapparut
quelques mois plus tard. Six mois après la fin du traitement,

j'étais dans le bureau du médecin pour recevoir les résultats des derniers examens. Tout en regardant, en bas, la ville verdoyante, je sentais l'angoisse me serrer le cœur. Le rapport du médecin fut bref et peu encourageant. Il y avait encore des traces de cancer au cou et à l'abdomen. Le seul recours possible était d'exposer aux radiations les parties qui présentaient des signes de maladie. La situation était grave. Mes chances de survie n'étaient plus que de vingt pour cent.

Assis dans mon appartement, je fixais un mur blanc. J'étais à la croisée des chemins. La franchise du médecin avait fait s'envoler tout ce qui pouvait rester de ma rassurante torpeur : la mort était là et elle me terrifiait. J'interrogeai le mur encore un peu, puis décidai d'entreprendre deux démarches. J'allais d'abord suivre le traitement de radiothérapie, puis assumer une part de responsabilité dans ma propre guérison en recherchant d'autres approches thérapeutiques. Je devais faire tout ce que je pouvais pendant que mes forces me le permettaient.

Alors que la chimiothérapie se sert du flux sanguin pour parcourir tout le corps, la radiothérapie consiste à diriger des rayons X vers les parties atteintes. Étant donné que les cellules cancéreuses ne sont pas complètement séparables des cellules saines, le faisceau de radiations détruit non seulement les cellules malades, mais aussi les tissus normaux environnants. Chaque jour, dans la salle de radiothérapie, on m'installait sur une table semblable à un autel. Au-dessus de moi, une grosse machine émettait les rayons. Je m'exposais aux radiations pendant trois ou quatre minutes sur le dos, puis sur le ventre. J'avais l'impression de fréquenter le salon de bronzage du Diable.

Je reçus en tout quarante traitements : vingt sur le cou et la poitrine, et vingt sur le ventre. Venaient ensuite la nausée, la perte d'appétit, la fatigue et une baisse de ma numération. Ces traitements allaient détruire irrémédiablement les deux tiers de ma moelle osseuse. Pour les médecins, il fallait avant tout éliminer toutes les cellules malades, car la survie d'une seule d'entre elles aurait signifié l'échec du traitement. Jamais je n'aurais pu

Sur cette page :
Chestnut tree [Marronnier], 1986
Encre sur papier, 27,8 x 35,6 cm

Ci-contre :
New Field [Retour au champ], 1991
Encre sur carton, 14,5 x 18 cm

supporter ces mois de traitement sans la présence et l'encouragement de mes proches.

Après avoir fait tout ce qu'elle pouvait, la médecine n'estimait mes chances de survie qu'à vingt pour cent. Cette situation précaire m'incita à chercher d'autres avenues que les thérapies traditionnelles. Je voulais un traitement qui soit sans effets secondaires, peu coûteux, et que je puisse appliquer moi-même.

Un ami me prêta alors un livre intitulé *Recalled by life*, par Anthony Sattilaro. Dans un style captivant, comme dans un roman, ce médecin décrit comment il a pu guérir son cancer terminal de la prostate grâce à un régime macrobiotique. L'idée de combattre la maladie par la nourriture me parut à la fois efficace et pleine de sens. Aussi, quelques jours après cette lecture, je me rendis en avion à un centre macrobiotique de Boston. Je suivis pendant une semaine un cours de cuisine intensif et je compris que le concept macrobiotique ne se résumait pas à un régime alimentaire. Il s'agit d'une approche holistique combinant la philosophie orientale et le sens commun et dont le principe est que la santé est tributaire de tous les aspects de la vie.

J'adoptai alors un programme, que je poursuis encore en grande partie aujourd'hui, qui regroupe divers traitements naturels destinés tant au corps qu'à l'esprit. Mon régime se compose d'aliments naturels complets : 50 % de grains entiers, 30 % de légumes, 10 % de légumineuses et de légumes marins, 5 % de soupe et un peu de fruits, de céréales et de poisson. Pas de viande rouge, de produits laitiers, de sucre ou de produits chimiques. En somme, je choisis une nourriture saine et non cancérigène et je rejette les aliments néfastes pour la santé et susceptibles de

Hug 1 [Étreinte 1], 1990
Fusain sur papier, 40,5 x 32,6 cm

favoriser le cancer. Je fais des exercices quotidiens : quinze minutes d'étirement et de massage tous les matins et soirs et une heure de marche.

J'ai appris que la respiration avait une influence sur la santé et j'ai donc commencé à respirer plus profondément. J'ai mis en pratique des techniques de visualisation et de relaxation pour entraîner mon esprit à combattre la maladie. J'ai adopté un nouveau style de vie afin de diminuer le stress, et cherché à résoudre mes conflits avec autrui. Je me suis lié d'amitié avec d'autres qui, comme moi, s'intéressent aux thérapies naturelles. Je menais une vie plus saine et j'éprouvais l'agréable sensation de reprendre des forces. Je me sentais beaucoup mieux.

Plus de cinq années ont passé depuis mon dernier traitement de radiothérapie et le cancer n'a pas réapparu. Ma numération globulaire est encore faible, mais je mène quand même une vie active. Je sais que ce cancer peut refaire surface, ou qu'un nouveau cancer peut apparaître à cause des traitements que j'ai suivis. C'est dur de vivre avec cette pensée mais, paradoxalement, c'est aussi une motivation. Le Dr Samuel Sanes, lui-même victime d'un cancer, disait que le cancéreux connaît deux naissances et que la plus importante remontait au jour de son diagnostic, sa première journée de survie. L'ombre du cancer fait de chaque geste quotidien un hommage à la vie. Il faut envisager la mort sans crainte et découvrir le plaisir de vivre. Pour l'instant, je continue d'évoluer dans un monde complexe à l'avenir incertain, comme tout le monde.

2

Historique, traitement, prévention

Un patient me raconta un jour sa première visite au centre de traitement. «C'est en voyant le mot *cancer* au-dessus de la porte que la réalité m'a terrassé. Je savais que je pénétrais dans un monde inconnu». Bien qu'il ne soit pas partagé de tous, le sentiment général peut se résumer par cette inscription de Dante à la porte de l'enfer : «Vous qui entrez, abandonnez toute espérance!»

Le cancer peut affecter n'importe quelle partie du corps. Il attaque souvent le rectum, les seins, la prostate ou le col de l'utérus, des parties du corps dont on n'ose pas parler. Il se fait généralement silencieux et invisible au début, mais peut se manifester brutalement dans les derniers stades. Malgré les investissements massifs dans la recherche et les nombreuses découvertes, la réalité est toujours aussi cruelle : le taux actuel de guérison pour l'ensemble des cancers, environ 30 %, est sensiblement le même qu'il y a trente ans.

Le cancer n'est pas un mal nouveau. On a reconnu dans le papyrus égyptien d'Ebers, vieux de 3 500 ans, la plus ancienne description du cancer qui nous soit parvenue. On a découvert des traces de cancer sur des momies et des squelettes datant de l'Antiquité. La maladie fut baptisée une première fois il y a 2 500 ans, au quatrième siècle avant notre ère. À cette époque, les médecins grecs connaissaient les cancers du sein, de l'estomac et de l'utérus. Hippocrate lui donna le nom de crabe, en grec *karkinos*, puisque certains cancers font penser à un crabe dont les pinces seraient comme des tentacules profondément enfouies dans la chair. Le mot évoque aussi la douleur que produit la morsure de l'animal. Certains ont avancé que le crabe pouvait symboliser la propagation de la maladie à tout le corps. Cinq siècles plus tard, à Rome, en 164, Galien entreprit de classifier les cancers. C'est à cette époque qu'est apparu le mot tumeur, du grec *tymbos* (tumulus) et du latin *tumere* (gonfler).

Les premières observations concernant un cancer professionnel causé par des conditions environnementales ont été formulées par Percival Pott, en 1775. Il avait établi une relation entre les nombreux cas de cancer du scrotum chez les ramoneurs anglais et le contact de leur peau avec la suie de charbon. Au début du dix-neuvième siècle, le chercheur français Marie François Xavier Bichat décrivit le cancer comme un tissu qui, bien qu'anormal, se développait comme les autres tissus humains. Le concept du fondement cellulaire de la maladie apparut dans les années 1830. En 1838, après avoir observé au microscope différentes tumeurs cancéreuses, l'Allemand Johannes Müller conclut que le cancer était une affection cellulaire. Ce concept constitue encore aujourd'hui le fondement de la recherche sur le cancer. La plupart des scientifiques acceptent la théorie selon laquelle le cancer apparaît lorsque des modifications génétiques, appelées mutations, affectent certaines cellules.

Observé depuis l'Antiquité, le cancer est demeuré une maladie rare jusqu'à la révolution industrielle, époque à laquelle il a entrepris une lente progression. Au début du dix-neuvième siècle, un statisticien français, Stanislas Tanchou, établit que le cancer était responsable de deux pour cent des décès dans la région parisienne. Au seuil du vingtième siècle, le taux de cancer atteignit les quatre pour cent en Amérique : à partir de ce moment, la situation se mit à évoluer rapidement. Il y a cent ans, la tuberculose, la grippe et la pneumonie étaient les principales causes de décès au Canada. Ces maladies infectieuses ont ouvert la voie aux maladies dégénératives comme la cardiopathie et le

À gauche :
Physicians and Microscopes
[Médecins et microscopes], 1990
Encre sur papier

Ci-dessous :
Child with cancer
[Enfant au cancer], 1990
Encre sur papier, 9 x 9 cm

Ci-contre :
Scientist's Vision
[Vision scientifique], 1990
Encre sur papier, 7,3 x 8,5 cm

cancer. On constate aujourd'hui une croissance de la maladie et ce, même en tenant compte de ce que les gens vivent plus longtemps et sont donc plus exposés au cancer qu'autrefois. D'après la Société canadienne du cancer, une personne sur trois contractera la maladie. Le cancer ne fait pas de distinction d'âge: la moitié des patients qui meurent du cancer sont âgés de plus de 65 ans, mais ce qui est alarmant, c'est que le cancer est maintenant la maladie mortelle la plus importante chez les enfants.

Le taux de cancer varie considérablement selon les régions du monde et à l'intérieur même de ces régions. On a constaté, par exemple, que le cancer du côlon était dix fois plus fréquent aux États-Unis qu'au Nigéria. Ce sont de telles fluctuations qui font dire aux Drs David M. Prescott et Abraham S. Flexer, dans leur livre *Cancer : The Misguided Cell*, que l'homme pourrait prévenir jusqu'à quatre-vingt-dix pour cent des cas de cancer en modifiant son environnement, son régime alimentaire ou son mode de vie.

25

Ci-dessus :
Chemotherapy and Christ
[Chimiothérapie et Christ], 1990
Encre sur papier, 5,5 x 6,5 cm

À l'heure actuelle, les trois principaux traitements contre le cancer sont la chirurgie, la radiothérapie et la chimiothérapie. Le plus ancien d'entre eux, la chirurgie, consiste à pratiquer une incision afin d'enlever la tumeur cancéreuse et, dans bien des cas, les tissus environnants. La radiothérapie a vu le jour dans la première moitié du vingtième siècle. Dans ce traitement, on tente de détruire le cancer en projetant un puissant faisceau de rayons X sur la partie atteinte. On a eu recours à la chimiothérapie, ou thérapie par produits chimiques (traitement par drogues), pour la première fois dans les années 50. La drogue est injectée dans le flux sanguin et entre ainsi en contact avec les cellules malades. On a découvert qu'en combinant certains produits chimiques, on pouvait augmenter leur effet destructeur. L'application de ce traitement a évolué et s'est raffinée considérablement au cours des dernières décennies.

Bien que des progrès aient été accomplis dans le traitement de cancers comme la leucémie infantile, le cancer de la peau et la maladie de Hodgkin, il n'en reste pas moins que plus des deux tiers des victimes meurent au cours des cinq premières années de la maladie. Cependant, la recherche actuelle tente de dépasser les méthodes traditionnelles. L'immunothérapie, par exemple, vise à augmenter la capacité de notre système immunitaire à détruire les cellules cancéreuses. On utilise des vaccins issus de bactéries, de même que l'interféron, protéine provenant des globules blancs. Pour le moment, les résultats ne sont pas concluants et on n'a encore obtenu aucune guérison.

Le prévention devrait être une approche efficace pour diminuer le cancer. Il existe deux façons de prévenir la maladie : éviter les substances cancérigènes et améliorer le régime alimentaire. Les substances cancérigènes sont des éléments environnementaux favorables au cancer : les virus, les radiations et les produits chimiques. Le cancer du scrotum des ramoneurs anglais était causé par un agent cancérigène : la suie de charbon. On a prévenu presque entièrement ce cas de cancer par une toilette plus fréquente et en débarrassant soigneusement la peau de la suie de cheminée. Bien sûr, on ne connaît pas encore toutes les substances cancérigènes. De plus, certaines ne font pas l'unanimité; d'autres encore sont pratiquement inévitables. Cependant, certains agents ont été clairement reconnus comme cancérigènes, et il est possible de les éviter. L'un d'entre eux est la fumée de cigarette, associée de façon indiscutable au cancer du poumon, pour ne nommer que celui-là. Certains médecins croient qu'entre vingt-cinq et trente pour cent des décès causés par le cancer sont liés au tabagisme.

Cependant, la difficulté de découvrir les substances cancérigènes et le fait que bien des gens qui y sont exposés ne contractent jamais la maladie nous portent à croire que le régime alimentaire pourrait être le mode de prévention le plus efficace. Le siècle dernier a vu notre alimentation changer radicalement et s'accroître proportionnellement les maladies dégénératives. Les glucides complexes (grains entiers) ont été délaissés au profit des graisses saturées (viande et produits laitiers). La nourriture est plus raffinée (sucres simples au lieu de complexes), traitée et additionnée de produits chimiques. Certains aliments sont promoteurs de cancer, comme la viande grillée, alors que d'autres sont inhibiteurs. Une étude révèle que le chou, les choux de Bruxelles et le brocoli réduisent le risque de contracter les cancers du côlon et du rectum. Un des principaux adeptes du régime macrobiotique, Michio Kushi, affirme qu'une alimentation adéquate améliore la qualité du sang, renforce le système immunitaire, et nous préserve ainsi du cancer. La Société canadienne du cancer conseille maintenant au public de consommer plus de grains et de légumes et moins de matières grasses.

Le phénomène du cancer relève d'autres facteurs, dont plusieurs sont liés au style de vie : l'attitude mentale, l'activité physique et le stress. Bien que la science n'ait pas encore démontré l'influence de ces facteurs sur la prévention du cancer, il semble évident qu'une attitude mentale positive, un entraînement physique régulier et le contrôle du stress mènent à une vie plus saine.

Family waiting [Famille en attente], 1989
Acrylique sur toile, 61 x 76,2 cm

Bien des questions soulevées dans ce chapitre nous laissent entrevoir les ramifications économiques, politiques et sociales du cancer. Déjà, cette maladie est un lourd fardeau pour la Santé publique, et le vieillissement de la population n'améliorera pas la situation. Chez moi, en Nouvelle-Écosse, l'impact économique du cancer est devenu si important que le gouvernement a chargé une commission d'étudier cette question. La ségrégation par classes sociales constitue une autre conséquence économique du cancer. Les classes les plus instruites ont tendance à adopter un mode de vie plus sain, qui les rend moins vulnérables au cancer. Bien qu'il soit possible de prévenir la plupart des cancers, c'est le traitement plutôt que la prévention de la maladie qui accapare la majeure partie des sommes investies dans la lutte contre le cancer.

L'industrialisation, le progrès technique et d'autres phénomènes propres au vingtième siècle ont remodelé notre environnement, notre régime alimentaire, notre mode de vie et même la cellule familiale. Il importe de bien voir la conséquence de ces changements. Les cas de maladies infectieuses, comme la tuberculose, ont diminué au profit des maladies dégénératives, comme la cardiopathie et le cancer. En cette fin de siècle, le cancer représente un grave problème de santé publique et nous touche à la fois personnellement et collectivement. Il faut refuser les mythes du cancer et se convaincre qu'on peut guérir ou prévenir cette maladie, comme on l'a fait avec toutes les autres. Pendant que les chercheurs tentent de découvrir la formule magique qui viendra à bout du cancer, des millions de gens se cramponnent à la vie et à l'espoir. Certains mourront, d'autres continueront de mener une vie bien remplie malgré le mal, et d'autres encore, ceux qui auront vraiment de la chance, vaincront définitivement le cancer.

3

La dimension psychologique

À force de faire connaissance avec des patients atteints du cancer, à l'hôpital ou dans des groupes de discussion, je me suis aperçu que, s'il n'y avait pas beaucoup de guérisons, il n'y avait pas beaucoup de décès non plus. On imagine souvent le cancer comme une nuit noire; je le vois plutôt comme un clair-obscur.

Ce caractère ambigu est exacerbé par le tabou social entourant le cancer. Encore aujourd'hui, le vocabulaire du cancer rappelle la «novlangue» énigmatique de George Orwell, avec des euphémismes comme «kyste», «tumeur», «inflammation», «polype» ou «ombre».

Tout comme le sida, la cancer est la lèpre de notre temps. Curieusement, des problèmes de santé de première importance, comme la cardiopathie, qui fait plus de victimes que le cancer, ne provoquent pas la même réaction. Ce phénomène a été signalé dans une brochure publiée par la Société canadienne du cancer. Une femme racontait qu'elle avait été admise à l'hôpital pour une maladie cardiaque et que ses amis lui avaient envoyé des cartes amusantes lui souhaitant un prompt rétablissement. Lorsqu'elle y retourna pour soigner un cancer, elle ne reçut plus que des cartes de sympathie.

Les trois principaux traitements, la chirurgie, la chimiothérapie et la radiothérapie, parviennent habituellement à réduire la taille de la tumeur, et contribuent ainsi à apaiser la douleur et à prolonger la vie. Néanmoins, on ne peut jamais être certain que toutes les cellules cancéreuses répondront au traitement. La technologie médicale fait de nos médecins des pronostiqueurs sportifs : telle femme a 20 % de chances de guérir de son cancer des ovaires, tel homme a 65 % de chances de survivre à la maladie de Hodgkin.

La mouvance, le mystère et l'incertitude du cancer s'opposent au besoin fondamental de l'homme de rechercher un sens en toute chose. «Pourquoi moi?» Il n'y a peut-être pas de réponse à cette question, et la ressasser sans cesse peut faire naître des sentiments négatifs empreints de culpabilité et de ressentiment. Certaines maladies, comme le cancer, revêtent parfois un aspect moralisateur, comme si le mal était une forme de punition. On considère aussi le cancer comme le mal de la technologie, de

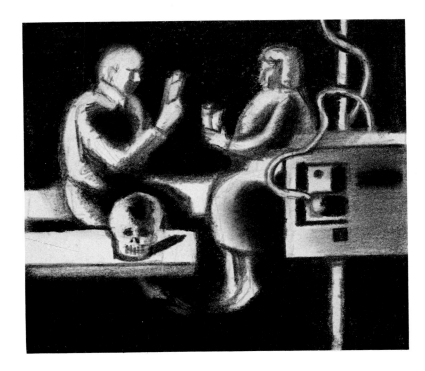

Patients playing cards
[Patients jouant aux cartes], 1990
Fusain sur papier, 11,8 x 13 cm   31

l'abondance et de la surconsommation et on associe la croissance économique sauvage au développement incontrôlé de la tumeur. Comme l'a écrit Suzan Sontag : «Il n'y a rien de plus punitif que de donner un sens à la maladie, car ce sens est invariablement moralisateur.» Elle ajoute que la meilleure façon de faire face à la maladie est de rejeter une telle attitude.

Tout en refusant d'accorder une valeur moralisante à la maladie, il faut reconnaître que certains facteurs, comme une mauvaise alimentation, un mode de vie malsain et la pollution, ont une incidence sur plusieurs formes de cancer. Cependant, on doit réfléchir soigneusement avant de leur attribuer de telles responsabilités. Les fumeurs sont peut-être responsables de leur propre cancer du poumon, mais si les médecins, leur corporation professionnelle ou la société n'ont pas dénoncé les risques du tabagisme ou n'ont pas essayé d'en empêcher la publicité ou la valorisation, ils sont également coupables.

Les mesures prises face au cancer sont un excellent indicateur de nos valeurs culturelles. Les traitements actuels reflètent la colère et la violence qui animent notre époque. La maladie est empreinte d'une terminologie militaire. On parle de guerre du cancer; le mal est vu comme un ennemi à combattre sans merci. Les cellules cancéreuses sont des envahisseurs et des colonisateurs du corps humain. On peut également établir un lien entre les trois principaux traitements et la guerre entre les hommes. La chirurgie, par exemple, se compare au combat d'homme à homme, avec des couteaux et des épées; la chimiothérapie, les traitements à la moutarde azotée, comme celui que j'ai reçu, rappellent la guerre chimique. Le radiothérapie peut être associée à la technologie de la bombe nucléaire. Cette guerre n'a pas rallongé de façon significative la période de survie de cinq ans associée à la plupart des cancers. Elle ressemble de façon inquiétante aux vaines guerres coloniales ou à nos interventions dans des pays que nous ne connaissons même pas.

Il existe une alternative à cette guerre aux symptômes, une approche plus holistique. Dans cette vision de la lutte contre le cancer, les symptômes changent de camp et deviennent des éclaireurs nous prévenant d'un déséquilibre physiologique. Ici, la guérison résulte du renforcement du patient et du rétablissement graduel de la santé; les symptômes disparaissent ensuite d'eux-mêmes. Alors que la médecine traditionnelle favorise le traitement et l'intervention, l'approche holistique préconise la prévention et la non-intervention.

Notre société a une peur morbide de la mort, et c'est ce qui rend le cancer différent des autres maladies. Une atmosphère de crainte vient perturber les rapports les plus habituels. Une amie intime me confiait que, lorsqu'elle allait à l'hôpital rendre visite à sa belle-sœur atteinte d'un cancer du cerveau, elle ne trouvait rien à lui dire. Les cancéreux ont à affronter différentes sortes de peur : l'angoisse née de l'ignorance, l'incertitude devant l'avenir, la peur qui habite l'autre et, peut-être plus encore, la crainte d'être seul. Lorsque j'étais à l'hôpital, le fait de pouvoir parler avec d'autres patients cancéreux m'a été d'un grand secours. Soudain, je n'étais plus seul; partager avec d'autres l'expérience du cancer atténuait l'aspect terrifiant de la maladie.

Souvent, le patient vit une «mort sociale» bien avant de connaître la mort physique. La peur ne doit pas empêcher les gens en bonne santé de parler de la mort et laisser ainsi les patients mourir seuls. Comme le faisait remarquer Elisabeth Kübler-Ross, qui a beaucoup écrit sur le phénomène de la mort : «Mourir n'est pas un cauchemar, tant qu'on n'en décide pas autrement».

Une maladie comme le cancer peut provoquer en nous des changements profonds. C'est lorsque j'ai appris que mes chances de survie étaient de 20 % que j'ai vraiment fait le point sur mon existence pour la première fois. Il devenait beaucoup plus facile d'écarter les futilités et d'adopter une pensée objective. Je me suis rendu compte que j'accordais trop d'importance à mon travail et que l'essence de ma vie résidait plutôt dans mes rapports avec ma famille et mes amis. Notre existence devient facilement routinière; nous agissons alors comme des zombies et non comme des humains à part entière. La maladie peut nous

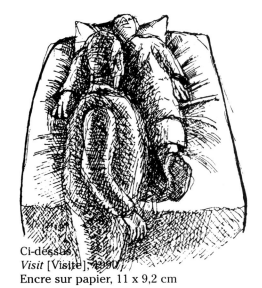

Ci-dessus :
Visit [Visite], 1990
Encre sur papier, 11 x 9,2 cm

Ci-contre :
Man with amputated leg
[Homme à la jambe amputée], 1990
Encre sur papier, 15 x 5,5 cm

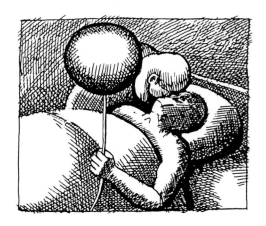

Balloon [Ballon], 1990
Encre sur papier, 9,5 x 10,6 cm

ramener à la vie et nous donner le goût d'une existence mieux remplie.

Je me suis lié d'amitié avec plusieurs patients atteints du cancer et je dois dire que leur capacité d'adaptation et d'évolution ne cesse de m'impressionner. Par exemple, une de mes amies, qui a atteint l'âge de la retraite, a adopté un régime à base d'aliments naturels et se sent maintenant beaucoup mieux. Elle a décidé de servir à son restaurant de la cuisine végétarienne et cette nourriture saine a tôt fait d'attirer chaque jour une clientèle appréciable. Son initiative constitue une contribution importante à la bonne santé de sa communauté. Une autre amie avait un cancer du foie et il ne lui restait que peu de temps à vivre. J'ai vu comment elle a réussi à transformer ses plaintes en une sereine acceptation de la mort. Coïncidence touchante, le hasard a voulu que sa fille ait un enfant durant cette période. Mon amie a alors pu s'éteindre en trouvant signification et joie dans la naissance de son petit-fils.

Le cancer est une route sinueuse qui rend le voyage ardu. La dimension psychologique de la maladie peut être aussi paralysante que le mal lui-même. Le pronostic d'un cancer peut sembler lugubre, mais tant qu'on n'est pas seul, l'espoir subsiste. Jean Cameron, travailleuse sociale qui vit avec un cancer en phase terminale depuis dix ans, écrit : «Lorsque quelqu'un vous regarde et vous aime, vous ne vous sentez plus défait et souillé par la maladie; chaque jour apparaît comme un cadeau précieux à chérir et à savourer pleinement». Les êtres humains ont une extraordinaire capacité d'adaptation et d'évolution. C'est cette faculté qui décidera de notre avenir face au cancer et à la vie tout entière.

Images

Moineau [*Sparrow*]

Souvent, quand je songe à ma maladie, je revois Toronto au printemps. J'étais au *Princess Margaret Hospital* pour y recevoir des
traitements de radiothérapie. De ma chambre, je ne voyais que la
cime des marronniers couverts de magnifiques fleurs blanches, et
il me semblait que ces fleurs me renvoyaient tous mes états
d'âme. Elles ont été pour moi une source d'encouragement et un
symbole de guérison.

J'ai peint cette scène trois ans plus tard, en remplaçant les
fleurs par un moineau. On y trouve plusieurs contrastes : l'extérieur et l'intérieur, la ligne horizontale de l'homme et celle, verticale, de l'oiseau et de l'arbre, la passivité et l'activité, la maladie et la santé. Pour moi, l'homme et le moineau s'équivalent. Le
symbole du moineau, évoqué par le titre, représente autant
l'homme que l'oiseau; ils en partagent la force et la vulnérabilité.

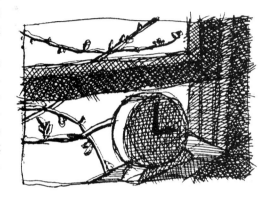

Ci-dessus :
Clock in Window
[Réveil à la fenêtre], 1989
Encre sur papier, 5 x 6,5 cm

Ci-contre :
Sparrow [Moineau], 1989
Acrylique sur toile, 61 x 76,2 cm

Radiographie pulmonaire [*Chest X-ray*]

La radiographie pulmonaire, c'est plutôt banal pour la plupart des patients. Dans mon cas, les médecins pouvaient observer et palper la tumeur sur mon cou, si bien que la radiographie ne servait qu'à déceler une éventuelle progression de la maladie.

À la gauche du dessin, on peut voir le canon de la machine, qui projette les rayons vers le patient. À droite, une boîte contient la pellicule qui sera exposée aux rayons. La patiente agrippe une barre au-dessus d'elle afin que ses bras n'apparaissent pas sur la photo. On aperçoit, au centre, le technicien dans sa cabine de protection.

C'est un dessin assez dépouillé que j'ai fait de mémoire; aussi, n'ai-je retenu que les impressions les plus fortes. Je me souviens d'avoir attendu longtemps. La pièce était assez fraîche, faiblement éclairée; on y sentait l'atmosphère aseptisée de la technologie. Je ne sais trop pourquoi, je me souviens qu'il y avait un lavabo dans le coin.

Il semble paradoxal qu'en médecine moderne, l'appareil qui sert à établir le diagnostic soit lui-même source de maladie, et qu'on protège le technicien et non le patient. Ce test, comme bien d'autres, revêt un caractère bizarre, froid et sinistre. Il y a quelque chose d'absurde à rester seul, dans une pièce sombre, entouré de machines.

Chest X-ray [Radiographie pulmonaire], 1990
Fusain sur papier, 24,7 x 40,4 cm

40

Montagne [*Mountain*]

Ce tableau m'a été inspiré par une chanson d'Elvis Presley :
«Lord, You Gave Me a Mountain This Time» [Seigneur, tu m'as
donné une montagne à porter]. J'avais déjà utilisé dans une série
de dessins le symbole de la montagne pour représenter à la fois
un fardeau accablant et le développement de la tumeur. Dans ce
tableau, j'ai voulu avant tout étudier comment les sentiments
humains subissaient la pression du cancer. C'est une œuvre d'atmosphère où plane un peu de l'ambiance émotive de la musique
country.

Bien qu'elle soit au centre de l'image, la montagne n'en joue
pas moins un rôle secondaire. À mesure que je progressais dans
mon travail, les personnages se tenant la main prenaient de plus
en plus d'importance. La femme est extrêmement tendue et l'expression de son visage trahit des sentiments contradictoires. On
sent que son formidable héroïsme commence à se lézarder. Il
plane une ambiance secrète de sexualité; j'imagine qu'il fait très
chaud et que l'homme et la femme sont couverts de sueur.

La plupart de mes personnages représentent des amis qui ont
accepté de poser, un peu comme des acteurs. Mes œuvres ne sont
pas vraiment des portraits, mais je crois qu'elles dégagent une
authenticité que je n'obtiendrais pas avec des modèles profes-
sionnels. La femme qui a posé pour ce tableau est une amie très
proche; on y retrouve donc, dans ce cas-ci du moins, des éléments
de portrait.

Ci-dessus :
Mountain [Montagne], 1990
Encre sur papier, 7 x 8 cm

Ci-contre :
Mountain [Montagne], 1990
Acrylique sur toile, 91,4 x 137,2 cm   41

Solarium

Un séjour à l'hôpital comporte de longues attentes. La vie humaine est étalée devant nous et puisque nous n'avons rien de mieux à faire, nous observons, comme des voyeurs, la vie intime des autres patients. Pendant mon séjour à l'hôpital, j'occupais une partie de mon temps à faire du portrait. Plus tard, quand j'ai reçu une subvention pour mon projet, je suis retourné dans les salles d'attente et les salons pour recueillir de nouvelles esquisses.

De mes observations et de mes croquis est né ce tableau, représentant un groupe de cinq personnes dans un solarium. Absorbé par son journal, un homme est tourné vers l'intérieur; devant la fenêtre, le second regarde vers l'extérieur. À droite, un autre regard : la femme assise fixe le vide d'un œil myope, catatonique. Au centre, un femme embrasse son mari malade et la lumière du plafond forme un halo autour du couple.

Il y a là toutes sortes de gens réunis par la même condition. Il est humiliant d'avoir à montrer sa maladie à tout le monde, de jouer sa vie devant des étrangers. Et l'on éprouve une gêne face à la maladie de l'autre. Néanmoins, il se forme souvent un lien de saine camaraderie entre les patients. J'ai assisté à des scènes pathétiques et troublantes dans les salles d'attente, mais j'ai vu aussi la dignité et la compassion, et c'est ce que j'ai voulu illustrer dans ce tableau.

Ci-contre :
Solarium, 1989
Acrylique sur toile, 61 x 76,2 cm

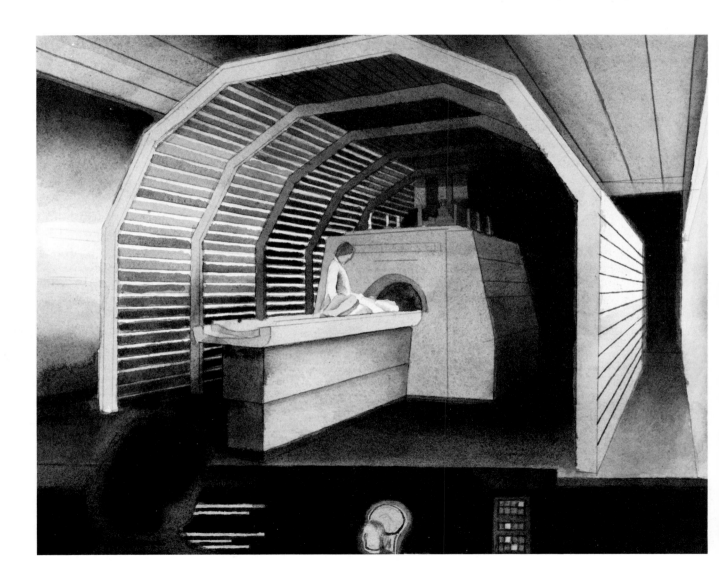

44

Appareil IRM [*Magnetic Resonance Imager*]

L'appareil d'imagerie par résonance magnétique (appareil IRM) coûte deux millions de dollars. C'est un instrument de haute technologie qui, au moyen d'ondes magnétiques, permet de voir au travers du corps humain. Cette aquarelle montre un patient couché sur une table, qu'un technicien s'apprête à introduire dans l'appareil. Au-dessus d'eux, on aperçoit une arche : un gigantesque aimant, si puissant qu'on a dû isoler l'appareil dans un bâtiment séparé. Le courant magnétique est si intense qu'il peut faire éclater une montre.

Cet instrument permet d'éviter certaines chirurgies diagnostiques. De plus, il utilise les ondes magnétiques; on n'a donc plus à craindre les rayons X. Contrairement à la radiographie, l'appareil IRM permet de voir à travers les os, ce qui le rend particulièrement efficace pour examiner le cerveau.

Un appareil comme celui-ci est très impressionnant, tant par son perfectionnement technique que par ses dimensions, et on se demande où s'arrêtera la médecine moderne. En tant qu'artiste, je trouve que l'imagerie scientifique moderne vaut la peine qu'on s'y attarde. Tout en travaillant à cette aquarelle, j'ai établi un parallèle entre les images que produit l'appareil et les tableaux rupestres de la Dordogne, en France, vieux de 30 000 ans, et je leur ai trouvé beaucoup de points communs. Dans les deux cas, les images ont été créées sous une structure en forme d'arche et elles dégagent une atmosphère magique. Elles remplissent une fonction utilitaire au sein de leur société et sont chargées de nos croyances les plus profondes.

Ci-contre :
Magnetic Resonance Imager
[Appareil IRM], 1989
Acrylique sur papier, 25 x 34 cm

Chimiothérapie [*Chemotherapy*]

L'histoire du cancer, et de toute autre maladie moderne, est étroitement liée à celle des drogues. L'attitude de notre société face aux drogues est étrangement ambiguë. Physiquement, elles peuvent nous soulager, mais aussi nous détruire. Socialement, elles sont admises à des fins médicales, mais ne peuvent être tolérées dans la rue. Pourtant, dans les deux cas, elles visent le même but, celui d'apaiser la douleur.

Au début de mon traitement de chimiothérapie, j'allais à la clinique de consultation externe, je recevais une injection dans le bras et je retournais chez moi. À la longue, les effets secondaires devenaient de plus en plus violents, si bien que je devais aller à l'hôpital pour les injections et y demeurer quelques jours. Une garde préparait les seringues et les disposait sur ma table de chevet. Psychologiquement, il me semblait plus pénible d'attendre l'arrivée du médecin que d'envisager les douloureux effets secondaires. Au moment où la garde me retenait le bras en m'assurant des bienfaits de la chimiothérapie, je sentais que la brutalité du traitement m'enlevait tout mon courage.

Cette œuvre dépeint l'aspect psychologique de la drogue. La seringue contient de l'adriamicine, produit que je recevais en amalgame avec trois autres drogues. Le tableau représente une octogénaire atteinte d'un cancer lymphatique. Elle porte un turban afin de masquer la calvitie causée par la chimiothérapie. J'ai voulu ici suggérer l'alternance de pensées positives et négatives qu'éveille la drogue chez le patient. À l'intérieur de la seringue, la drogue est rouge, couleur de la vie, couleur du danger. Cette œuvre illustre un phénomène par trop caractéristique de notre siècle : l'être humain face à la drogue.

Chemotherapy [Chimiothérapie], 1989
Acrylique sur toile, 61 x 91,4 cm

Épreuve familiale [*Family Illness*]

Ce tableau sur les rapports familiaux a été réalisé au début du projet. La femme alitée est une de mes amies, atteinte du cancer; sa fille et son compagnon servent également de modèles.

Une maladie comme le cancer touche nécessairement la famille du patient. Ici, on met en jeu la relation entre les deux jeunes gens, qu'ils soient frère et sœur ou mari et femme. Dans cette composition symétrique, le patient occupe le centre de la famille, physiquement et symboliquement, et la sépare en deux.

L'homme et la femme échangent un regard à la fois vide et lourd de sens, chargé de tension psychologique et émotive. À sa gauche, la patiente est alimentée par une solution intraveineuse (iv); du côté droit, près du réveil, une boisson gazeuse représente une autre forme de soutien. Étendue sur le lit, la femme ressemble à un fantôme; au-dessus d'elle, comme un feu d'artifice, les pensées de ses proches éclatent en silence.

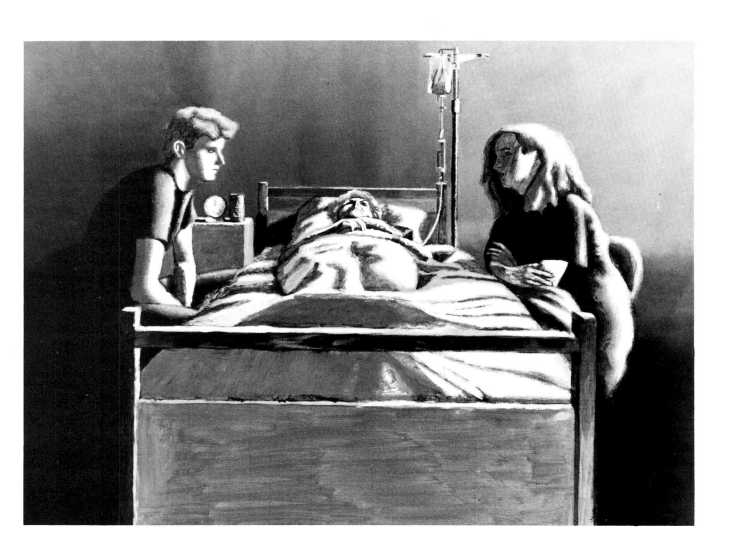

50

Opération au poumon [*Lung Operation*]

Je n'ai pas un souvenir très net de mes deux biopsies, à cause des calmants qu'on m'a fait prendre avant l'opération. Je me rappelle vaguement un va-et-vient autour de moi, de bon matin. J'ai froid sous mon drap; l'anesthésiste se penche sur moi, ensuite, plus rien. Je me souviens du réveil brumeux, et de la douleur.

La chirurgie est probablement la thérapie la plus mécanique. On pousse le patient dans la salle d'opération pour lui enlever un organe, le remplacer ou le réparer. Un des anesthésistes trouvait que l'atmosphère y était différente des autres salles d'hôpital. Comme le patient est inconscient, l'ambiance est plus détendue, un peu comme dans un garage. Je me souviens qu'un poste de radio jouait doucement dans le coin de la salle.

Un chirurgien m'a expliqué en quoi consistait son travail. Il traite habituellement des cas de cancer du poumon. La plupart des patients qu'il opère ont peu d'espoir de rémission : environ 10 % d'entre eux guériront. Les autres ne peuvent espérer qu'un soulagement temporaire et une année ou deux de plus à vivre.

Ce dessin montre l'équipe chirurgicale typique. À gauche, près du respirateur, l'anesthésiste s'affaire parmi un amas de tubes reliés au patient. Au centre, trois médecins : le chirurgien en chef, le résident et l'interne. On aperçoit à droite l'infirmière-chef et l'instrumentiste. Étendu sous le drap, le patient a le côté ouvert et les médecins s'appliquent à lui enlever une partie du poumon. Ils ressemblent à d'habiles mécaniciens réparant la machine humaine sous la lumière crue de leur atelier.

Ci-contre :
Lung Operation
[Opération au poumon], 1991
Fusain sur papier, 29,6 x 40,4 cm

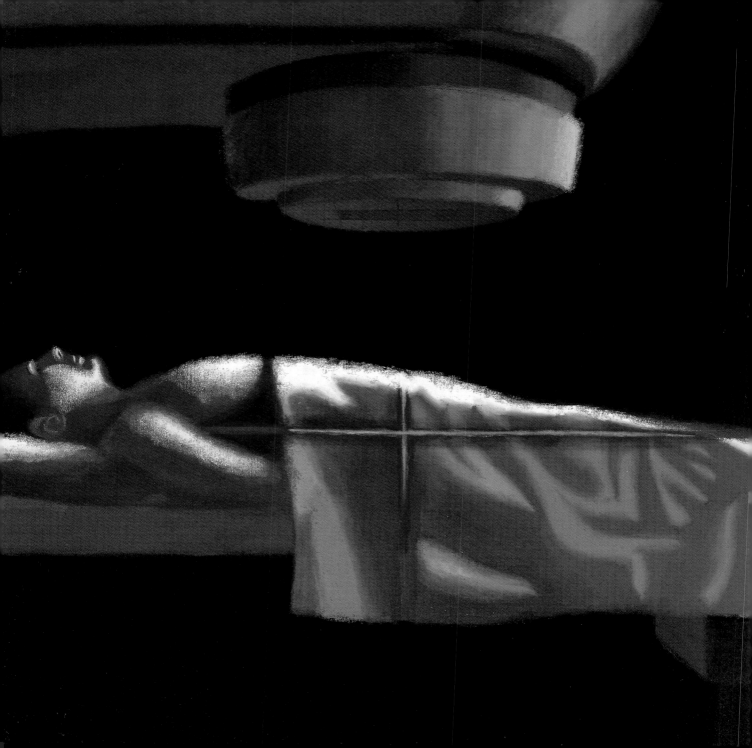

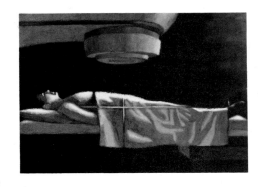

Radiation

La radiothérapie est le plus «propre» des trois principaux traitements contre le cancer. Le chirurgien découpe le corps; en chimiothérapie, on le pique avec une aiguille ou on le bourre de comprimés. Les radiations, elles, sont invisibles : notre corps devient aussi transparent qu'une radiographie.

Ce tableau montre un homme étendu sous un émetteur de radiations pointé vers son abdomen. Elle renferme plusieurs symboles religieux : le point de mire formé par les rayons laser rouges rappelle la croix; l'homme est étendu sur une sorte d'autel et recouvert d'un linceul blanc; au-dessus de lui, l'appareil est comme une idole ou une divinité sans visage qu'on tente d'apaiser par un sacrifice charnel.

J'ai suivi ce type de traitement pendant un mois environ. C'est une expérience étrange que de rester seul, étendu sous cet appareil, comme dans un film d'anticipation des années cinquante. Malgré l'aspect froid et immatériel du traitement, ses effets sont bien réels. En fait, il détruit tout autant les tissus sains que les cellules malades.

Ci-dessus :
Radiation, 1989
Acrylique sur toile, 76,2 x 101,6 cm

Ci-contre :
Radiation (détail)

53

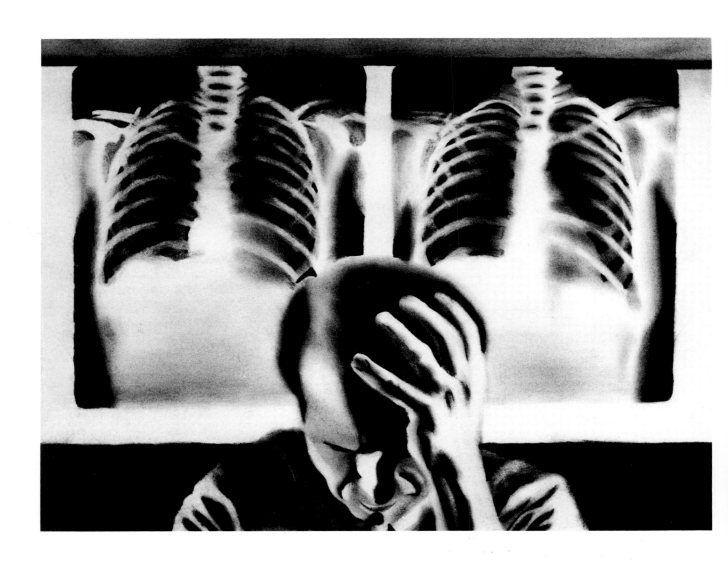

54

Médecin et radiographies [*Doctor and X-rays*]

Bien des cancers échappent au regard. En effet, il arrive que des tumeurs se forment sur des organes internes. Les rayons X sont un moyen très efficace d'observer ce qui se passe à l'intérieur du corps. Le médecin peut examiner des radiographies prises à différentes périodes et déterminer avec précision l'évolution de la tumeur. Le cancer a quelque chose de paradoxal : malgré cette incroyable capacité de voir l'intérieur du corps, nous n'arrivons pas, la plupart du temps, à concevoir la cause ou le traitement de la maladie.

Dans ce dessin, l'esprit et le corps se rejoignent. Sur l'écran lumineux, les radiographies pulmonaires sont comme des images pieuses représentant deux squelettes en croix. Le médecin se tient la tête en signe d'impuissance; par une sorte d'attribut divin, il peut voir à l'intérieur du corps, mais son esprit humain ne lui permet pas de comprendre.

Ci-contre :
Doctor and X-rays
[Médecin et radiographies], 1990
Fusain sur papier, 30,5 x 40 cm

Mère et fils [*Mother and Son*]

Le soutien familial joue un rôle déterminant dans le processus de guérison. De même, les conflits familiaux favorisent souvent la maladie. Je connais très peu de cancéreux qui s'en tirent bien sans une aide active de leurs proches. D'une certaine façon, on peut dire que lorsqu'un patient a un cancer, c'est toute sa famille qui est malade.

Isabel, ma mère, est venue à mon secours durant une période difficile pendant laquelle je suivais des traitements de radio-thérapie au *Princess Margaret Hospital* de Toronto. J'ai réalisé cette aquarelle à partir d'une esquisse que j'avais faite dans mon lit d'hôpital. Je me sentais mal : je pouvais à peine tenir mon crayon, j'avais la nausée et ma vue était très faible.

Après avoir fait plusieurs versions de l'esquisse, c'est encore cette aquarelle que je préfère. Elle manque de finesse et ressemble à une image de bande dessinée, mais c'est un hommage franc et sincère.

Sur cette page :
Mother and Son [Mère et fils], 1989
Encre sur papier, 34 x 42 cm

Ci-contre :
Mother and Son [Mère et fils], 1989
Acrylique sur papier, 25 x 34 cm

Autoportrait avec le Dr Langley
[Self-Portrait with Dr. Langley]

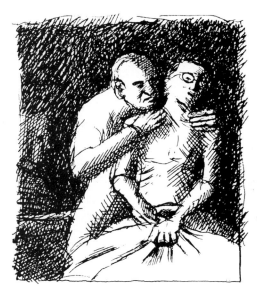

Ci-dessus :
Self-Portrait with Dr. Langley
[Autoportrait avec le Dr Langley], 1990
Encre sur papier, 10,8 x 8,8 cm

Ci-contre :
Self-Portrait with Dr. Langley
[Autoportrait avec le Dr Langley], 1990
Fusain sur papier, 40,6 x 33,4 cm

Mes souvenirs m'ont inspiré tout au long de ce projet. Lorsqu'est apparu mon cancer, la maladie de Hodgkin, le premier symptôme a été le gonflement des ganglions lymphatiques du cou. Aussi chaque contrôle médical que je subis débute-t-il avec un examen du cou, et c'est ce qu'on peut voir ici. Le Dr Langley supervise le traitement de ma maladie depuis 1982. Ce dessin illustre la relation que j'entretiens avec lui et, de façon plus générale, le rapport entre médecin et patient.

C'est un lien assez particulier. Il rappelle le contact entre le parent et l'enfant, le prêtre et le fidèle. D'abord, comme le parent et le prêtre, le médecin détient l'autorité et la connaissance; ensuite, on retrouve dans ce lien l'intimité de la famille ou du confessionnal. Ce contact tranche avec l'objectivité scientifique et professionnelle de la médecine. Le contraste est d'autant plus évident lorsque le patient doit se dévêtir alors que le médecin, lui, reste tout habillé. Le Dr Langley pourrait être mon père.

Un patient atteint d'un cancer terminal du poumon disait que, lorsqu'il se rendait à ces examens, il avait l'impression d'aller entendre un jugement : «Bien sûr, le verdict allait être dur, mais à quel point?» J'ai voulu exprimer sur mon visage la crainte de voir réapparaître le cancer.

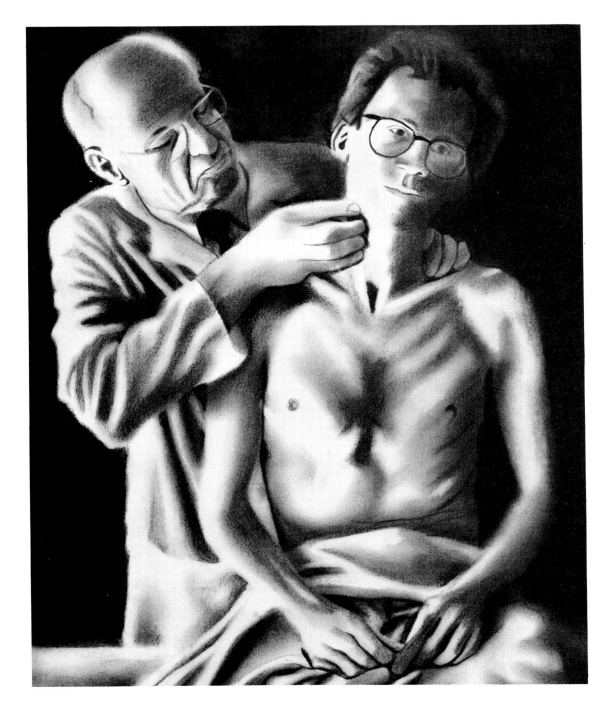

59

Nourriture [*Food*]

Ce grand tableau, qui a pour thème la nourriture, m'a demandé plus d'un mois de travail. Il illustre, sous différents aspects, le concept de nutrition, que symbolise la pointe de tarte, au bas de l'image. La femme allongée est nourrie par son mari, mais également par les liens familiaux, par le message à la télé, par la solution intraveineuse et même par la ville qui l'entoure.

Ces éléments ne sont pas tous sains et peuvent même avoir des effets contraires, mais ils affectent le patient. C'est une situation familière aux habitués de l'hôpital. J'ai voulu, au-delà des clichés et du bonheur à crédit de la vie moderne, suggérer une vision familiale de la lutte contre la maladie.

Ci-dessus :
Chemotherapy Injection
[Traitement de chimiothérapie], 1990
Encre sur papier, 11,6 x 12 cm

Ci-contre :
Chemotherapy Injection
[Traitement de chimiothérapie], 1990
Fusain sur papier, 35,6 x 35,6 cm

Traitement de chimiothérapie [*Chemotherapy injection*]

En chimiothérapie, les drogues sont administrées de différentes façons : sous forme de comprimés, d'injections — c'est la méthode illustrée ici —, ou goutte à goutte par solution intraveineuse. À l'heure actuelle, la méthode la plus répandue consiste à implanter chirurgicalement un appareil appelé «cathéter central permanent», que l'on branche à une veine principale dans la poitrine du patient et dans lequel est pompée la drogue à partir d'un sac contenant une solution intraveineuse. On peut recevoir un traitement de chimiothérapie chez soi, dans une clinique externe ou à l'hôpital. Les coûts sont très élevés : 450 dollars en moyenne par traitement.

Je recevais toutes les deux semaines un traitement semblable à celui qui est illustré ici. Les effets secondaires varient beaucoup d'un patient à un autre. Pour ma part, les jours de traitement comptent parmi les pires de mon existence. Comme moi, la femme sur ce tableau grimace en recevant l'injection. Le téléviseur qui jouait en arrière-plan était une distraction appréciée, mais si peu efficace. C'était sur ce fond d'imaginaire télévisuel qu'apparaissait toute la dure réalité de la maladie.

Visiteurs [*Visitors*]

Mon approche artistique se transformait à mesure que je recouvrais la santé. J'abandonnai graduellement la reproduction de personnages ou de couples isolés au profit d'une conception sociale plus globale et décidai d'intégrer plus de personnages dans mes œuvres.

Ce tableau représente une sorte d'écosystème psychologique où cohabitent la santé et la maladie. Il examine l'aspect social de la maladie et met en lumière les réactions tantôt positives, tantôt négatives de la société. Celles-ci varient beaucoup et vont de la sympathie à l'indifférence, du pessimisme au réconfort. Plusieurs personnages sont peints de couleurs vives, comme des fleurs.

Deux forces s'opposent de chaque côté de l'image : à droite, on peut voir l'homme au geste agressif comme ayant une valeur négative; à gauche, le livre offert au malade peut représenter une attitude positive et même un symbole d'espoir.

Cette œuvre contient des éléments autobiographiques, car la majorité des personnages empruntent les traits de mes amis ou de membres de ma famille. L'ambiance de ce tableau peut paraître lourde, mais je la considère comme une œuvre empreinte d'optimisme, exprimant la foi en la pérennité de la collectivité humaine.

Visitors [Visiteurs], 1989
Acrylique sur toile, 81,3 x 121,9 cm

Fauteuils roulants [*Wheelchairs*]

La vie entre les murs d'un hôpital ressemble à celle de l'extérieur. L'hôpital est une «usine de soins», création de l'ère industrielle. Ici, le corps humain est une machine défectueuse qu'on confie à des mécaniciens chevronnés. La bureaucratie et les files d'attente y sévissent comme partout ailleurs. Je me souviens que je devais constamment faire la file : lors de mon admission, au moment des examens et des traitements, et même pour rendre visite au médecin après l'opération.

Ce dessin est inspiré d'une situation réelle. Tous les patients qui ont à passer une radiographie sont conduits en fauteuil roulant dans ce corridor où ils attendent leur tour. Cette file me faisait penser à une chaîne de montage : à gauche, un homme remonte la chaîne, guéri, remis à neuf.

Ci-contre :
Wheelchairs [Fauteuils roulants], 1989
Encre sur papier, 19,3 x 24 cm

Vue en plongée [*View from above*]

J'aime travailler sur une série d'esquisses. Cela me permet d'étudier un thème en profondeur, de l'envisager sous plusieurs aspects. Visuellement, cette recherche conceptuelle se traduit par la représentation d'un même sujet sous différentes angles.

Dans ce livre, j'ai souvent utilisé l'image d'un patient allongé, entouré de personnages et vu sous différents angles : les pieds, les côtés, la tête du lit. Pour dessiner cette patiente du *Princess Margaret Hospital* de Toronto, j'ai pensé qu'une vue en plongée serait la meilleure perspective. L'angle de vision se situe près du sac de sérum, dont le tube descend en spirale jusque dans la poitrine de la patiente. Un homme et une femme sont assis à sa droite; au pied du lit, une poupée arbore un large sourire.

À force de voir la même image, l'œil devient indifférent. Le point de vue plutôt inhabituel de ce dessin incitera peut-être l'observateur à en aborder le sujet sous un angle nouveau.

Ci-contre :
View from above [Vue en plongée], 1990
Fusain sur papier, 33,6 x 33,6 cm

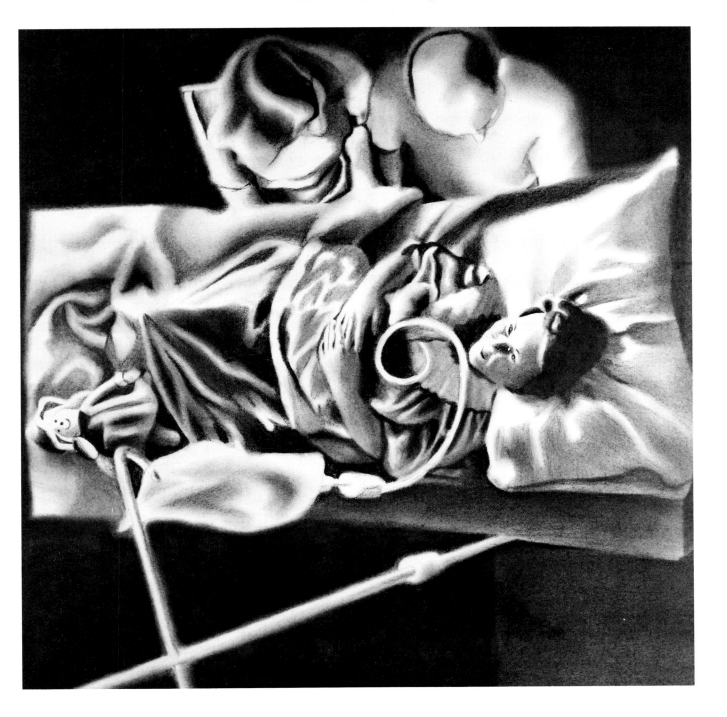

Chimiothérapie et Christ [*Chemotherapy and Christ*]

L'idée de cette œuvre sur les médicaments et la religion m'est venue d'une photographie de Mal Warshaw représentant une femme allongée et un dessin du Christ posé sur une table près du lit. Cela m'a fait penser à la phrase de Marx : «La religion est l'opium du peuple». Afin d'établir un lien explicite, j'ai ajouté un plateau de seringues à côté de l'image du Christ.

Bien des gens ne sont pas prêts à l'admettre mais, de nos jours, l'humanisme libéral et la foi en la science ont remplacé la conviction religieuse. Le Dr Robert Mendelsohn a écrit : «Le médicament est plus qu'un produit de la science, il est sacré. Il est l'hostie de la médecine moderne, tout comme le pain que reçoivent les catholiques au moment de la communion. Prendre un médicament, c'est reconnaître un des mystères de l'Église : le médecin a le pouvoir de modifier l'état mental et physique de son patient à condition qu'il ait la foi».

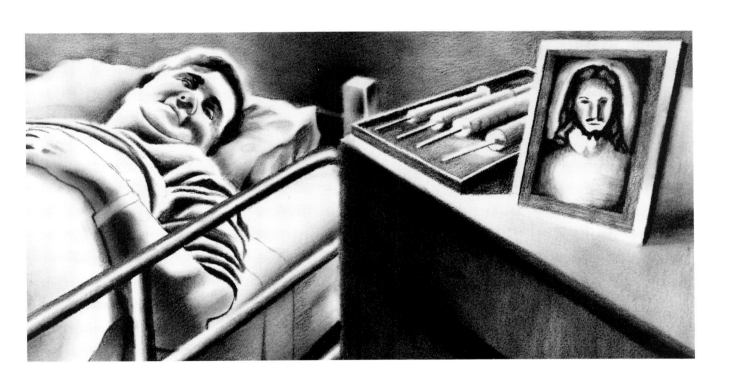

Chemotherapy and Christ [Chimiothérapie et Christ], 1990
Fusain sur papier, 20,8 x 40,4 cm

Cancer

À l'origine, je voulais dépeindre une salle bondée. Au premier plan, un homme aux yeux bandés se tenait debout à côté de patients qui jouaient aux cartes. Au fond, il y avait des médecins, des infirmières, d'autres patients, un préposé à l'entretien, un technicien portant un plateau de seringues, et une silhouette dans l'embrasure de la porte. Plus tard, j'avais ajouté un couple enlacé, un téléviseur et des fleurs.

Pour réaliser cette version, j'ai éliminé progressivement des éléments pour ne garder que celui qui m'intéressait le plus : un homme, son voyage intérieur et sa relation psychologique avec sa femme. L'image de l'homme regroupe des symboles de vie (les fleurs) et de mort (la cécité). Le bandeau représente cette impression d'inconnu que nous éprouvons tous devant la mort. C'est là un des plus terrifiants aspects du cancer. Ici encore, les oppositions sont sources de tension et établissent un dialogue entre l'homme et la femme, la nudité et le vêtement, la vue et la cécité, la santé et la maladie.

À droite :
Cancer, 1990
Encre sur papier, 13,2 x 6,5 cm

À gauche :
Cancer, 1990
Acrylique sur toile, 101,6 x 76,2 cm

Ci-dessus :
Solid and Transparent Man
[Figure opaque, figure transparente], 1989
Encre sur papier, 8,3 x 10,1 cm

Ci-contre :
X-ray Viewing Room
[Salle des radiographies], 1990
Fusain sur papier, 28,6 x 43,2 cm

Salle des radiographies [*X-ray Viewing Room*]

Des amis m'ont dit que cette image semblait sortir tout droit d'un épisode de *Star Trek*. Le dessin représente la salle où les médecins examinent les radiographies. Des baies lumineuses sur tous les murs permettent d'en regarder plusieurs en même temps.

Comme d'autres salles de la section de radiographie, cette pièce revêt un aspect fantomatique, irréel. Dans la pénombre, les images en négatif du corps humain flottent sur l'écran. La lumière éclabousse les surfaces en métal, en plastique et en tuiles.

Je crois que l'atmosphère fantomatique de cet endroit s'explique par l'absence physique du patient. Les radiographies ne présentent que des images partielles et contrastées du corps. Madame Dupont est réduite à un bout de pellicule montrant une tache de deux centimètres sur un poumon.

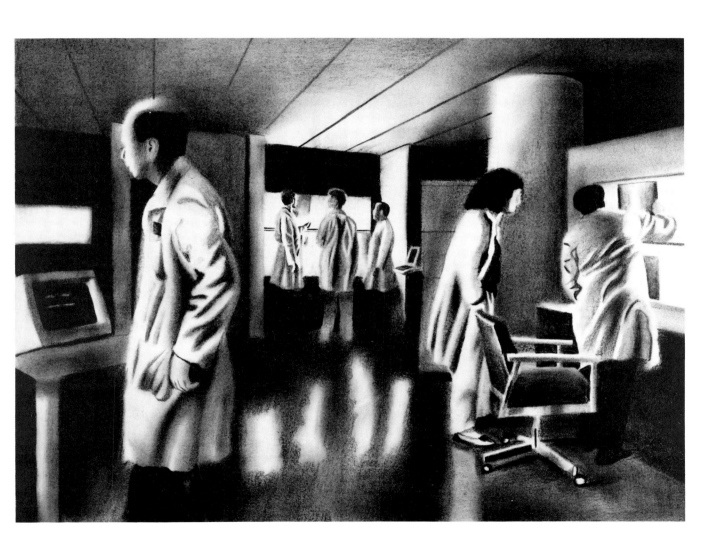

Témoignage d'une amie [*A Friend's Story*]

Au cours de mon travail sur le cancer, j'ai rencontré des dizaines de patients et leur famille. C'est après avoir discuté avec une amie que j'ai eu l'idée de faire une œuvre sur l'expression de la douleur en public et en privé. J'ai réalisé ce dessin d'après son témoignage.

À quarante et un ans, ma belle-sœur a appris l'an passé qu'elle avait une tumeur maligne au cerveau. Tous les parents immédiats de notre grande famille étaient venus de partout — dans mon cas, de Toronto — pour se réunir à la maison, à Cap Breton. Je me souviens très bien du moment où tout le monde était assemblé autour du lit de Donna. Il y avait longtemps qu'on ne s'était réunis dans une même pièce. On ne trouvait rien à dire, ni à Donna, ni aux autres. Nous étions sous le choc, sans savoir ce qu'il fallait faire en pareil cas. En fait, nous l'avons découvert petit à petit.

Elle m'expliquait qu'il n'y avait pas assez de place dans la chambre et que quelques-uns des visiteurs devaient attendre dans le couloir. C'est là, à l'insu de la malade, que certains laissaient libre cours à leur douleur.

À droite :
Relative [Parent], 1990
Encre sur papier, 8 x 3 cm

À gauche :
A Friend's Story [Témoignage d'une amie], 1990
Fusain sur papier, 36,4 x 31,6 cm

Ascenseur [*Elevator*]

Je me vois dans ce tableau chaque fois que je prends l'ascenseur dans un hôpital. J'ai l'impression qu'il y a de plus en plus de gens à chacune de mes visites. C'est un fait que l'achalandage des cliniques de cancer a augmenté avec le vieillissement de la population et la multiplication des cas de cancer chez l'enfant. J'ai choisi de peindre un ascenseur bondé pour donner une impression de claustrophobie oppressante.

Une artiste de mes amis, Sue Rogers, m'a écrit : «Je ne suis pas arrivée à oublier l'impression que m'ont faite tes œuvres cet été. Dans *Elevator*, les regards semblent nous supplier, comme s'ils venaient de l'au-delà.»

D'une certaine façon, ces gens sont des spectres car, dans notre société, le cancéreux est un condamné à mort en sursis. Pour intensifier cette ambiance fantomatique, j'ai baigné les éléments architecturaux dans un halo à la Kafka et rendu la lumière en opposant un clair-obscur très doux à des ombres très denses.

Cette image regroupe des jeunes, des vieillards, des gens de races différentes, des membres du personnel médical, des malades. À droite, on reconnaît Terry Fox, la victime du cancer la plus célèbre au Canada. L'ascenseur plein à craquer les emporte, comme la barque de Charon, dans un monde homérique peuplé d'ombres.

Ci-contre :
Elevator [Ascenseur], 1989
Acrylique sur toile, 104,1 x 76,2 cm

Erica

Les artistes et les écrivains du siècle dernier avaient une vision plutôt romanesque de la tuberculose, mal très répandu à l'époque. On disait que les jeunes, notamment, embellissaient à mesure que progressait la maladie. Le cancer n'est pas la tuberculose et se refuse à toute métaphore romantique; il nous paraît brutal, affreux, mauvais. On reconnaît la fatalité dans le cancer d'une personne âgée mais, chez l'enfant, le mal surprend et échappe à notre compréhension.

J'ai passé un après-midi à l'hôpital pour enfants de Halifax en compagnie d'une jeune mère et de son enfant, Erica. Comme elles habitaient à Glace Bay, à près de 500 kilomètres, elles séjournaient toutes deux à l'hôpital durant le traitement. Erica était enrhumée et on avait dû suspendre les traitements de chimiothérapie pendant quelques jours. Elle ne se sentait pas très bien, mais je la trouvais enjouée et curieuse. Elle parut intéressée par mes tableaux et accepta de poser pour les photos. On peut voir sur ce dessin qu'elle a perdu ses cheveux à cause du traitement. En touchant délicatement la pompe qui lui injecte le médicament, elle exprime sans rien dire toute la fragilité de sa condition.

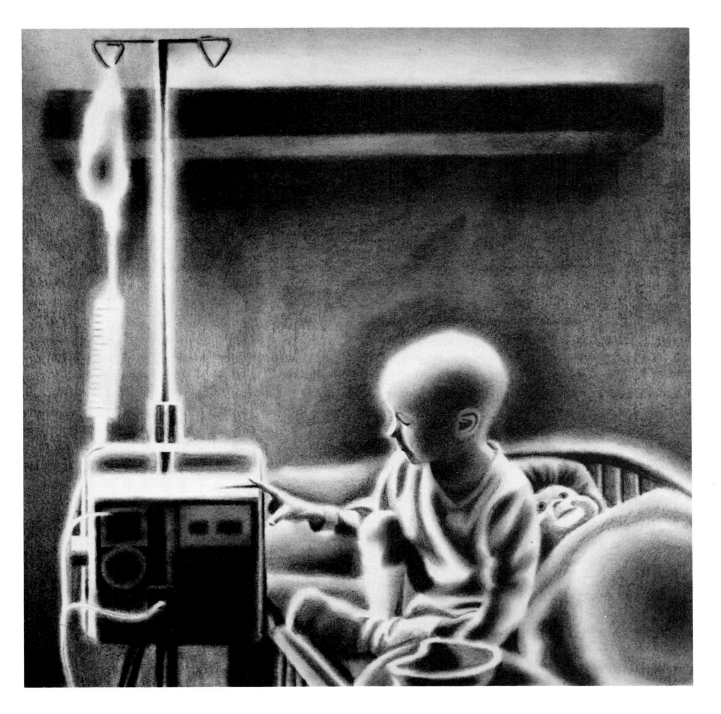

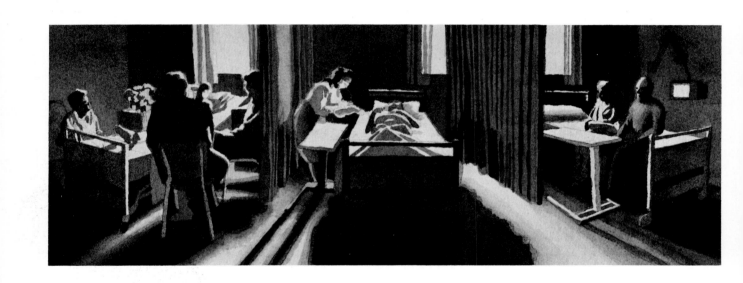

Three Beds [Trois lits], 1990
Acrylique sur papier, 14,3 x 38,6 cm

82

Trois lits [*Three Beds*]

Il y a deux ans, au cours de l'été, j'ai lu *Le pavillon des cancéreux*, d'Alexandre Soljénitsyne, un des meilleurs romans qu'on ait écrit sur le cancer. On y décrit les liens qui se tissent entre huit hommes d'origine et de tempérament différents et dont le seul point commun est le cancer. La plupart du temps, au cours de ma maladie, j'occupais un lit dans l'aile ouest du *Victoria General Hospital* d'Halifax, au huitième étage. Bien que, parfois, il me fût possible d'avoir une chambre simple ou double, je devais habituellement cohabiter avec trois autres personnes. Cette promiscuité avec des hommes que je ne connaissais pas me dérangeait, mais nous étions tous des exilés au pays de la maladie et un esprit de corps s'était développé entre nous.

Quand je crée, j'aime établir des comparaisons, des oppositions, proposer une dialectique visuelle. *Three Beds* reproduit le microcosme du pavillon des cancéreux : à gauche, une visite familiale, au centre, un patient reçoit une injection, à droite, un couple reste assis en silence, car le réconfort des mots est désormais inutile. Au pavillon des cancéreux, le rideau blanc n'offre qu'un simulacre de sanctuaire, où plus rien n'est vraiment privé.

Vision

Ce tableau tient à la fois de Charles Dickens et de Carl Jung. Comme plusieurs de mes œuvres, il illustre un rêve ou une projection mentale du patient. La chorale représente la société. Le cancer, ainsi que toute maladie sérieuse, a ceci de positif qu'il nous force à établir nos priorités, peut-être pour la première fois. Ici, l'homme commence à voir l'importance de la collectivité.

Cette œuvre souligne le rapport entre l'individu et le groupe. S'il est vrai que l'isolement mène souvent à la maladie, de même le cancer peut mener à l'isolement. La distance qui sépare l'homme de la chorale crée une tension : pourra-t-il se lever et rejoindre le groupe?

J'ai éprouvé quelques difficultés à peindre ce tableau. J'ai dû reprendre la chorale trois fois, car elle n'était jamais assez éloignée. Afin de bien séparer les deux éléments principaux, j'ai peint l'homme sur la toile mouillée, et j'ai utilisé l'empâtement et la brosse sèche pour la chorale. Même si l'ensemble est sombre, le titre vient en atténuer quelque peu l'ambiance cauchemardesque. Il évoque la prise de conscience, qui est le premier pas vers la guérison.

Vision, 1990
Acrylique sur toile, 81,3 x 121,9 cm

Médecins [*Doctors*]

Un médecin que je connais s'est dit troublé par ce portrait. Ce que l'on voit ici, c'est la perception du patient étendu sur son lit. Dans un halo d'un rouge surnaturel, leur blancheur éclaboussant le noir intense, des médecins se dressent au-dessus du malade comme de grands fantômes blancs; d'autres s'éparpillent au loin. En appliquant la peinture sur une toile très grossière, je lui ai donné une texture floue qui rappelle une vue troublée par les médicaments. Ici, les médecins sont perçus comme les détenteurs de l'autorité, des gens froids et intimidants.

Dans notre société, ils ont remplacé les chefs religieux. Ce sont nos prêtres laïques et la connaissance scientifique est notre évangile. Malgré leurs dehors intimidants, j'ai tenté de les présenter comme des êtres humains, des gens qui souhaitent vraiment notre guérison. J'ai voulu que le médecin qui occupe le premier plan, en particulier, ait une attitude de compassion et de sympathie. Il est comme le gentil médecin des feuilletons télévisés, dans un épisode un peu trop réaliste pour être diffusé.

Sur cette page :
Doctors [Médecins], 1990
Encre sur papier, 10,7 x 23,2 cm

Ci-contre :
Doctors [Médecins], 1990
Acrylique sur toile, 56 x 112 cm

Ci-dessus :
Three Men [Trois hommes], 1990
Encre sur papier, 5,2 x 11,7 cm

Ci-contre :
Three Men [Trois hommes], 1990
Fusain sur papier, 32 x 38 cm

Trois hommes [*Three Men*]

La plupart des gens qui suivent un traitement de chimiothérapie reçoivent leur injection à la clinique de consultation externe, puis retournent chez eux. Au début de mon traitement, je demeurais à la campagne, chez mes parents. Je partais en ville pour toute la journée avec mon père et mon frère. On me donnait mon traitement et nous repartions immédiatement. Dès que nous prenions la route, je me mettais à vomir; je suis convaincu que bien d'autres cancéreux ont vécu la même chose.

Ce dessin est inspiré de mes souvenirs. Au départ, je voulais illustrer cette impression que j'avais d'être enfermé tout au long du voyage mais, graduellement, mon intérêt s'est porté vers les pensées et les sentiments de mes compagnons. Si le voyage était pénible pour moi, il devait l'être aussi pour eux. Au point de vue psychologique, ce dessin très sombre est centré autour du visage de mon père. L'auto est une cage; mon père conduit, mais ne va nulle part. Pour moi, ce voyage nocturne en famille représente à la fois l'expérience du cancer et notre condition sociale : le monde progresse mais n'est pas maître de son destin.

Mr. S. Is Told He Will Die
[Monsieur S. apprend qu'il va mourir]

Au cours de ma recherche pour ce projet, j'ai accompagné pendant quelques jours un groupe de médecins dans leur tournée matinale. Vêtu d'une blouse blanche, je me suis fait passer pour l'un d'eux auprès des malades.

Le moment le plus émouvant fut certainement notre rencontre avec un homme dans la soixantaine. Il tenait une croix à la main lorsque les deux «patrons» se sont assis près de lui. Doucement, ils lui ont expliqué qu'ils ne pouvaient plus rien faire, que le cancer allait l'emporter. Il pouvait retourner chez lui auprès de sa femme et de ses filles. L'homme avait toujours refusé sa maladie et il faisait face à la réalité pour la première fois. Ce fut un moment très intense, un instant inoubliable pour le malade et les médecins.

Selon Elisabeth Kübler-Ross, la perception de la mort comporte cinq étapes : le refus, la colère, la négociation, le découragement et l'acceptation. Les médecins ont ouvert les yeux de Monsieur S. avec honnêteté et compassion et j'ai voulu montrer les pensées qui se bousculaient dans sa tête.

Dans cette œuvre, la croix symbolise la religion et la blouse blanche des médecins, la science. L'homme s'accroche aux deux, mais il sait que plus rien ne peut l'aider.

Ci-dessus :
Mr. S. Is Told He Will Die
[Monsieur S. apprend qu'il va mourir],
1989
Acrylique sur toile, 76,2 x 101,6 cm

Ci-contre :
Mr. S. Is Told He Will Die
[Monsieur S. apprend qu'il va mourir
 (détail)]

Clocher [*Steeple*]

J'ai passé quelques semaines au *Princess Margaret Hospital* de Toronto. J'y recevais des traitements de radiothérapie à l'abdomen, supervisés par le Dr Simon Sutcliffe. Près de l'hôpital, il y avait une église, *Our Lady of Lourdes* [Notre-Dame de Lourdes]. Au cours de ma recherche, je suis retourné à l'hôpital pour interviewer un patient et j'ai revu cette église par la fenêtre; cela m'a donné l'idée de cette œuvre.

Formellement, la ligne verticale du clocher crée un parallèle avec le sac de sérum. De plus, ils sont tous deux baignés de lumière. Cette œuvre est volontairement ambiguë. On peut voir le clocher comme le salut, comme une source de signification dans une situation absurde. Inversement, il peut être symbole d'impuissance, mirage emprisonné par la science moderne. Assise dans l'obscurité, la femme oscille entre ces pôles.

Ci-dessus :
Steeple [Clocher], 1990
Encre sur papier, 4,8 x 4,8 cm

Ci-contre :
Steeple [Clocher], 1990
Fusain sur papier, 32,4 x 32,4 cm

93

Écoute [*Listening*]

Un après-midi, je discutais avec mes parents de la signification de ce dessin, et ma mère me rappela la maxime : «Il n'y a pas d'athées dans les tranchées». La mort est souvent l'issue finale du cancer, malgré l'intervention de la médecine moderne. Cela ébranle notre foi en la science, mais soulève également la question de la vie après la mort. Le cancer a ceci de positif qu'il nous force à élever notre niveau de conscience. La spiritualité peut nous venir en aide dans les moments difficiles.

À ce point de vue, le rôle de l'aumônier est peut-être plus important encore que celui du médecin. L'idée de faire une œuvre mettant en scène un aumônier m'est venue d'une photographie prise lors d'une messe pour patients en phase terminale célébrée au *St. Rose's Home* de New York, foyer pour cancéreux incurables tenu par les dominicaines de Hawthorne. Lorsque j'ai rencontré Ed Fiander, aumônier anglican de Halifax, pour lui proposer de faire la même chose, il s'est montré plutôt réticent. Il m'a expliqué qu'il intervenait auprès des patients de façon intime, dans une relation personnelle, et non dans le décorum des célébrations publiques.

J'entrepris alors deux œuvres distinctes, *Service for Terminal Patients* [Messe pour patients en phase terminale] et *Listening* [Écoute]. Je dois admettre que les remarques du Révérend Fiander étaient justes : le premier dessin est un curieux mélange de réalisme socialiste des années trente et de mélodrame à la Dickens. Le second, plus réussi, symbolise à différents niveaux la conscience et la communication.

Ci-dessus :
Service for Terminal Patients
[Messe pour patients en phase terminale], 1990
Fusain sur papier 35,5 x 41,3 cm

Ci-contre :
Listening [Écoute], 1990
Encre sur papier, 8 x 8,7 cm

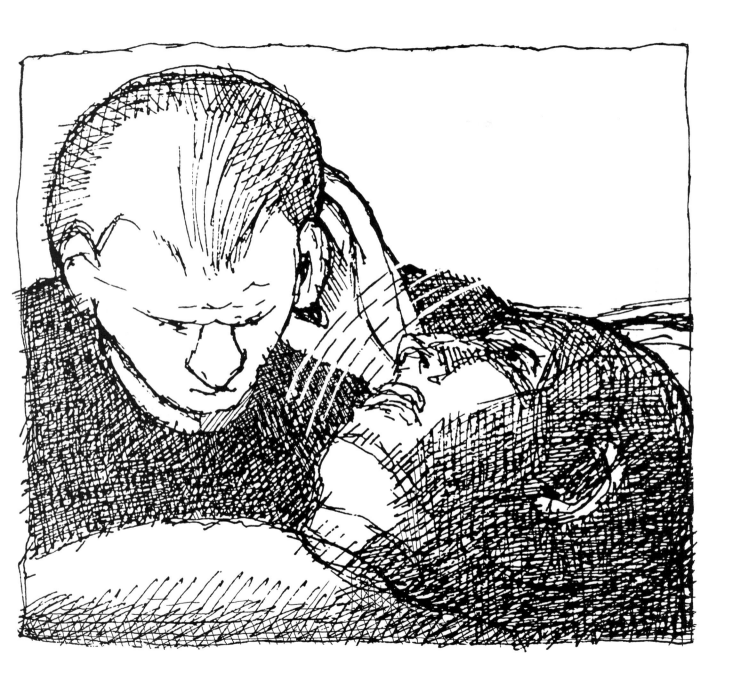

Père et fille [*Daughter and father*]

Le vieillissement de la population et la multiplication des cas de cancer font que de plus en plus d'enfants auront à s'occuper de leurs parents malades. C'est cette relation que j'ai voulu illustrer ici.

La maladie peut rapprocher la famille, mais les différences d'âge et la difficulté de s'adapter à un nouveau rôle peuvent nuire à la nouvelle relation. Dans certains cas, le parent malade réussit mieux à s'adapter que son enfant.

Sur le dessin, j'ai illustré ce phénomène en séparant le père et la fille, tout en les rattachant par le cordon ombilical que forme le lit. Les hachures croisées donnent du réalisme à l'image du père, alors que sa fille est représentée de façon plus abstraite, par des plaques noires et blanches. Le père regarde du côté droit et sa fille nous fixe d'un regard vide, comme un masque païen.

Daughter and Father [Père et fille], 1990
Encre sur papier, 10,4 x 18 cm

Étreinte [*Hug*]

Avec ce tableau, j'ai cherché à créer une image de grandes dimensions représentant la famille face au cancer. Il mesure six pieds de hauteur et les personnages sont de grandeur nature. Pour réaliser cette œuvre si simple en apparence, j'ai dû demander à trois couples de venir poser et j'ai effectué d'innombrables esquisses avant d'obtenir la composition finale. Les principales forces en présence sont la vie et la mort. L'étreinte du couple est une affirmation de la vie, et les couleurs tournent au rouge là où leurs corps se touchent. Le support de la perfusion rappelle la croix; en séparant le couple en deux comme une lame, il symbolise la mort.

Ici, la forme est tributaire du sens. Alors que le couple se compose de courbes entrelacées, le support est fait de lignes droites. L'opposition des formes reflète la tension psychologique. Pour rendre une impression de fluidité, j'ai peint sur toile mouillée avec une brosse très douce. J'ai recherché un effet de spirale dans les replis des vêtements, les visages et même dans le cordon du sac. Dans ce tableau, l'homme et la femme, la vie et la mort ne font qu'un. Ce tourbillon de formes et d'idées est un regard compatissant sur le combat que mènent le malade et son conjoint.

À gauche :
Hug [Étreinte], 1990
Acrylique sur toile, 182,9 x 78,7 cm

Sur cette page :
Hug [Étreinte], 1990
encre sur papier, 41,2 x 18,9 cm

Mastectomie [*Mastectomy*]

Le traitement du cancer peut parfois aller jusqu'à l'amputation et c'est là un des aspects les plus troublants de la maladie. L'être humain cherche naturellement à protéger son intégrité et la perte d'une partie de son organisme le perturbe. Terry Fox, le plus célèbre amputé du Canada, a montré de façon éloquente que la perte d'une jambe ne constituait une entrave ni pour lui, ni pour qui que ce soit.

Ce dessin a pour thème la mastectomie, ablation chirurgicale d'un sein effectuée dans le but de freiner la progression du cancer. Parce que je suis un homme, je doute que je puisse saisir parfaitement les sentiments que peut provoquer cette opération, mais je sais que cela doit être très difficile à accepter. Dans une société où tout est fragmenté, où l'anatomie est cataloguée et prisée selon des normes culturelles, la perte d'un sein doit constituer une terrible perspective.

Des discussions avec des amies ont mis en lumière certains points importants. Le mastectomie est perçue comme une profanation et une perte de féminité. Elle fait craindre une détérioration des rapports entre la femme et son partenaire, sexuellement ou à tout autre point de vue. Cependant, une de mes amies a replacé cette question dans sa vraie perspective. L'homme devrait être heureux d'avoir encore sa compagne près de lui, et c'est tout ce qui importe.

Ci-contre :
Mastectomy [Mastectomie], 1991
Encre sur papier, 10,5 x 11,5 cm

Progrès [*Progress*]

Un ami d'enfance, Terry Blakeney, et sa famille m'ont servi de modèles pour les personnages au premier plan. À cause des dimensions réduites de mon atelier, la situation est devenue difficile à contrôler; trois adultes et trois enfants turbulents devaient se presser les uns contre les autres pour tenir une pose assez compliquée. On se serait cru dans un film des frères Marx et je pense que Terry et les autres devaient aussi trouver la situation plutôt ridicule.

J'ai travaillé à ce tableau pendant un automne complet. Il met en scène un groupe de gens de générations différentes et a pour thème les rapports familiaux, la maladie et la santé. C'est à la fois un regard vers le passé et vers le présent, lourd de symboles intimement liés.

Les personnages sont disposés selon un axe vertical suggérant un totem. Tout en haut, avec son écran blanc ressemblant à un cyclope aveugle, l'omniprésente télé préside comme une divinité électronique. Ensuite, on aperçoit le grand-père cancéreux, étendu sur le lit. Plus bas, le père est tourné vers le malade; perdue dans ses pensées, la mère regarde de côté tout en tenant sa fille. Celle-ci scrute l'horizon avec une lunette, comme si elle cherchait à voir l'avenir. Les cartes à la main, son frère symbolise la chance ou le destin. Le plus jeune, enfin, joue avec un masque àoxygène qui rappelle la pollution et la crise mondiale de l'environnement.

Cette image a quelque chose d'allégorique. Bien qu'il évoque certains aspects négatifs de notre existence – le manque de lucidité, la maladie, la pollution –, ce tourbillon de formes montre aussi que la solidarité humaine et la clairvoyance devant l'avenir sont sources d'espoir et de santé.

Ci-contre :
Progress [Progrès], 1991
Acrylique sur toile, 182,9 x 121,8 cm

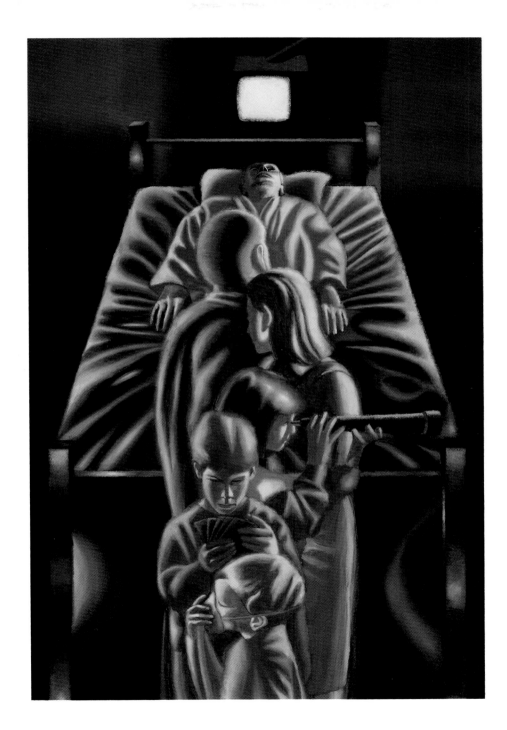

Moufle rouge [*Red Mitten*]

L'idée de faire cette aquarelle m'est venue d'une patiente de Toronto. Cette femme dirigeait une entreprise prospère spécialisée dans la fabrication de poupées. Elle était en train de tricoter une moufle et cela m'est apparu comme un beau symbole d'optimisme, et typiquement canadien, de surcroît.

Tout dans ce tableau est peint en blanc et en gris, sauf la moufle. Encore une fois, le symbole principal se trouve au centre de l'image. D'un rouge vif, la moufle occupe le point central, près du cœur de la patiente. Elle symbolise la vie, la chaleur et la survivance.

Ci-contre :
Red mitten [Moufle rouge], 1989
Acrylique sur papier, 34,5 x 25,8 cm

Madame Oochigeaskw [*Mrs. Oochigeaskw*]

Il arrive souvent que mes œuvres regroupent des influences très diverses. Ici, le souvenir de deux femmes vient se fondre à une situation que j'ai vécue.

J'envisageais depuis longtemps de faire le portrait d'une femme dans un corridor d'hôpital. Je me souviens que, lorsque les médicaments me tenaient éveillé jusqu'aux premières heures du matin, je déambulais seul dans les corridors brillants.

Ce dessin m'a été inspiré en partie par une femme Micmac. Je l'ai surnommée Madame Oochigeaskw, «celle qui est couverte de cicatrices». Sa stature humaine contraste avec le vide géométrique de l'arrière-plan.

Toutefois, cette œuvre puise son sens profond dans le souvenir que je garde d'une amie, Beulah Murphy, que le cancer a récemment emportée après une longue lutte. Jamais je n'ai connu quelqu'un qui ait autant de volonté; son désir de vivre était extraordinaire. Je l'imaginerai toujours droite et résolue devant l'adversité.

Ci-contre :
Mrs. Oochigeaskw
[Madame Oochigeaskw], 1990
Crayon sur papier, 17 x 17 cm

108

Les mains qui guérissent [*Healing Hands*]

J'ai partagé un atelier durant plusieurs années avec Glen Mackinnon, artiste très talentueux qui a réalisé d'étonnantes gravures sur bois. Fort de ses encouragements et de ses conseils, j'ai effectué ma première gravure, *Healing Hands*.

Il semble que notre corps ait la propriété naturelle de guérir. Le toucher joue un rôle important dans ce phénomène. Lorsqu'on a mal à la tête, on porte la main au front; de même, on frictionne une épaule endolorie. Lorsqu'un proche a de la peine, on le serre dans ses bras.

J'avais déjà réalisé auparavant une autre version du même sujet, une aquarelle dans les tons naturels de la peau. Dans cette gravure, les lignes qui se dégagent des mains ajoutent à l'intérêt visuel et symbolisent la force de guérison. Elles représentent le flux de notre énergie vitale curative.

Ci-dessous :
Healing hands
[Les mains qui guérissent], 1989
Encre sur papier, 55, x 7 cm

Ci-contre :
Healing Hands
[Les mains qui guérissent], 1989
Gravure sur bois, 25,4 x 33 cm

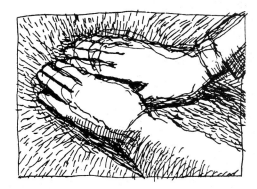

Rideau [*Curtain*]

Les gens qu'intéressent mes œuvres forment deux groupes distincts : le public en général et les proches, c'est-à-dire le cercle restreint des gens que je connais, qui voient régulièrement mon travail et qui suivent ma démarche artistique. Mon frère Doug fait partie de ceux-ci. Il me propose souvent des idées de tableaux, mais regrette que je ne les retienne pas assez souvent. Il s'intéresse à un thème cher à la littérature du dix-neuvième siècle, celui du «double», que l'on retrouve par exemple dans *William Wilson*, d'Edgar Allan Poe. L'autre jour, je lui montrais le portrait inachevé d'un homme étendu sur un lit, et il me suggéra d'ajouter un rideau et d'y dessiner la silhouette d'un autre homme, afin de rendre la composition plus évocatrice et d'ajouter à la dimension psychologique.

En regardant ce tableau, je me revois dans mon lit d'hôpital. Un rideau dissimulait mon compagnon de chambre, mais je sentais nettement sa présence. Je n'avais aucune l'impression d'être seul dans la pièce.

Les deux hommes sont représentés de façon bien différente. Au premier plan, la lumière produit un effet de volume; à l'arrière, la silhouette est aplanie par l'éclairage à contre-jour. Ainsi, ce jeu de lumière et l'écran formé par le rideau confèrent aux personnages une dimension symbolique : la guérison et la maladie, la vie et la mort. Si l'on s'en tient à la perception de mon frère, ce tableau opposerait deux visages de la même personne.

Ci-contre :
Curtain [Rideau], 1990
Acrylique sur toile, 61 x 61 cm

110

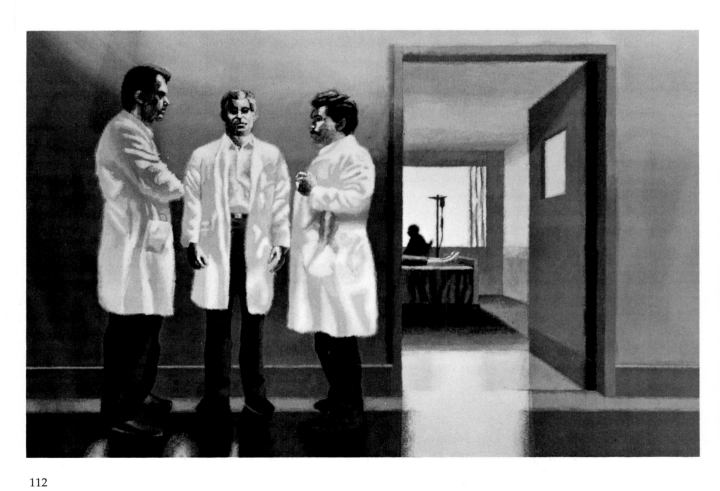

Consultation [*Conference*]

À l'instar de *A Friend's Story* [Témoignage d'une amie], ce tableau met en perspective une scène se déroulant dans un corridor et ce qui se passe à l'intérieur d'une pièce. Trois médecins discutent à l'extérieur de la chambre alors qu'on aperçoit, à l'intérieur, le patient et un visiteur.

Pour parler du cancer, on a recours à différentes nuances dans les communications et les échanges d'information. C'est ce que j'ai voulu montrer ici. Les médecins n'adoptent pas le même langage pour discuter entre eux et pour s'adresser au patient ou aux membres de la famille. Dans le corridor, le discours est clinique, factuel et net, alors que dans la chambre, il se veut plus éducatif, plus affectif. Pour composer ce tableau, je me suis inspiré d'une autre œuvre traitant des privilèges et de leur absence : *Flagellation*, de Piero della Francesca.

Ci-contre :
Conference [Consultation], 1990
Acrylique sur toile, 61 x 91,4 cm

Famille [*Family*]

Ce grand tableau a pour thème la mort. En le peignant, j'avais en tête trois objectifs : créer un ensemble symbolique, examiner les réactions de la famille aux points de vue psychologique et interpersonnel et, enfin, intégrer l'individu dans son contexte social, au sein de son environnement humain et culturel.

Le *Victoria General Hospital* et le cimetière reflètent l'ordonnance et la rationalité. Symbole évident, la croix représente un ordre supérieur. L'élément central de l'image, c'est le chien, que j'ai ajouté à la fin. En effectuant une trouée noire au centre de l'image, son émotivité brute vient perturber l'équilibre de la composition. Le chien symbolise la nature, la colère, la douleur, ou encore une spiritualité occulte, surgissant de l'ombre. Un de mes amis, qui aurait voulu voir dans ce tableau une belle image pieuse, a été profondément troublé par la présence de l'animal.

La composition de l'image établit plusieurs contrastes. Le chien qui hurle rappelle l'homme au saxophone. À gauche, un homme est tourné vers la tombe alors que la femme regarde au loin; tous deux s'opposent au couple de droite. Enfin, toute l'œuvre pourrait se résumer dans les personnages de la petite fille et du chien, les seuls à nous faire face.

Le présent [*The Gift*]

Lorsque je suis allé à Toronto me documenter pour mon projet, j'ai pu consulter les photographies recueillies par le service des relations publiques du *Princess Margaret Hospital*. Une d'entre elles m'avait fortement impressionné : celle d'un jeune père, devenu chauve à cause des traitements chimiothérapiques, tenant son enfant. J'ai pensé utiliser l'image de ces têtes lisses pour opposer l'expérience des deux êtres : l'un face à la vie, l'autre confronté à la mort.

Il m'a semblé que la présence de la mère rendrait plus explicite le concept de fertilité. Ma sœur a baptisé ce tableau «la sainte famille du cancer». Les médecins m'avaient prévenu que la chimiothérapie allait me rendre stérile, et j'ai eu beaucoup de mal à accepter cette idée. D'une certaine façon, on assiste ici à une sorte de miracle : dans les bras d'un père stérile, l'enfant est le symbole de la survivance.

J'ai choisi le titre pour deux raisons. D'abord, la naissance d'un enfant est un véritable cadeau pour les parents. Ensuite, après une maladie grave, l'existence elle-même apparaît comme un présent incomparable.

Ci-contre :
The Gift [Le présent], 1991
Acrylique sur toile, 22,9 x 30,5 cm

Le premier jour [*The First Day*]

J'en étais environ au tiers de mon projet lorsque j'ai fait ce tableau. Une amie infirmière, Mary Cutler, m'avait dit alors qu'elle y voyait une nouvelle étape, puisque c'était la première fois qu'apparaissait clairement l'idée de guérison.

Un jour que j'étais en convalescence chez mes parents, je m'étais assis sur la galerie et je contemplais un pot de géraniums. C'était le début de l'été, et les fleurs semblaient éclater de vie sous le soleil chaud du matin. Même s'il peut paraître banal, ce moment est resté gravé dans ma mémoire. Ce sont ces fortes impressions que j'ai voulu conserver ici : la galerie, les géraniums, la lumière, la contemplation.

On associe la maladie aux portes closes, à la perte des sens, à la peur du monde extérieur. La santé, au contraire, ouvre des horizons; elle est éclosion, comme la fleur qui s'épanouit dans la chaleur du soleil.

Ci-dessus :
Geraniums [Géraniums], 1989
Encre sur papier, 10 x 8,5 cm

Ci-contre :
The First Day [Le premier jour], 1989
Acrylique sur papier, 53,5 x 71,8 cm

119

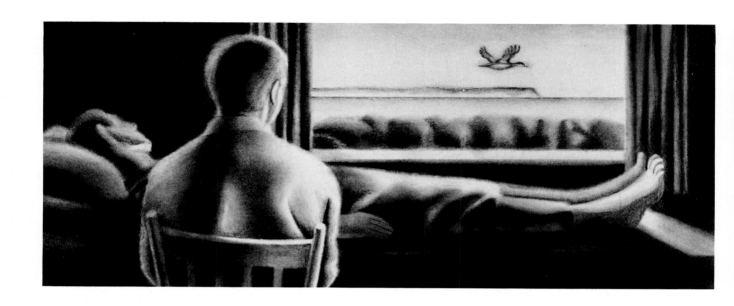

Frères [*Brothers*]

J'ai passé la plus grande partie de ma convalescence dans ma chambre, chez mes parents, dans la vallée d'Annapolis. J'ai toujours pensé que cette riche région agricole, propice à la pomiculture, était un paradis terrestre. De cette période, je retiens surtout le milieu familial et la vue qu'offrait la fenêtre de ma chambre.

Je pouvais apercevoir la cime des arbres, la baie de Fundy et, au-dessus, la longue chaîne montagneuse qui aboutit au cap Blomidon. On dit que c'est la demeure de Glooscap, dieu des Micmacs, et ce mythe vient souligner le caractère spirituel que j'attribue à ce paysage.

Le vol de l'oiseau symbolise l'essor, la transition, le progrès, et suggère la guérison prochaine du malade. Le titre signifie l'unité naturelle qui prévaut dans un milieu sain, ce lien familial que partagent l'arbre, l'oiseau, l'eau, la montagne, le ciel et l'humanité.

Ci-contre :
Brothers [Frères], 1991
Fusain sur papier, 16,1 x 39,7 cm

Nouveau départ [*New Steps*]

Jamais je n'aurais pu mener à terme ce projet sans l'aide des infirmières. J'ai travaillé principalement avec le groupe de femmes qui m'avaient soigné durant ma maladie. Cette œuvre est issue d'une discussion que j'ai eue avec deux infirmières à qui je dois beaucoup, Gloria Repetto et Janet Copeland. Elles m'ont suggéré de peindre deux infirmières soutenant un patient. J'ai tout de suite aimé cette idée qui implique l'activité plutôt que la passivité et la participation des deux parties, d'égal à égal. L'homme qui recommence à marcher peut être vu comme un symbole de guérison.

Des versions antérieures de ce dessin montrent plusieurs personnes dans le corridor, surprises de voir le patient se lever et marcher comme Lazare dans l'Évangile. Cependant, j'ai pensé que la scène serait tout aussi prenante sans les spectateurs et qu'une composition plus simple aurait plus d'effet. Aussi n'ai-je conservé que les personnages principaux.

J'ai voulu pousser l'expérience plus loin en étirant l'image. Dans mes œuvres axées sur la maladie, et qui représentent un patient étendu, les lignes sont généralement horizontales. Inversement, dans les images de guérison, où les personnages sont debout, j'ai remarqué une prédominance des lignes verticales. Je me suis alors demandé si les formes verticales ne possédaient pas intrinsèquement un pouvoir curatif. Ici, les infirmières et le patient sont élancés comme des cathédrales ou comme les personnages des tableaux du Greco. Ils surgissent comme des flammes vives et s'unissent pour marcher vers la victoire.

Fenêtre [*Window*]

J'ai souvent utilisé l'image de la fenêtre au cours de mon projet. Elle permet de voir à la fois l'intérieur et l'extérieur. Dans plusieurs œuvres, elle revêt une dimension psychologique et métaphorique. La fenêtre est spiritualité, ouverture sur l'esprit. C'est particulièrement vrai pour le petit dessin cosmique.

Je me suis intéressé à l'idée de la fenêtre ouverte bien avant de faire ces dessins. Elle symbolise pour moi la transition vers un monde nouveau, peut-être celui de la spiritualité; elle représente la délivrance, la liberté. C'est aussi l'image d'un esprit ouvert. Si on ne voit rien à l'extérieur, c'est que j'ai voulu donner l'impression de l'infini.

Ci-dessus :
Clock in window, Night [Réveil à la fenêtre, la nuit], 1989
Encre sur papier, 5 x 6,5 cm

Ci-contre :
Window [Fenêtre], 1991
Acrylique sur toile, 22,9 30,5 cm

Ombre et lumière [*Illness and Healing*]

J'ai repris en un même dessin les thèmes de la maladie et de la guérison qui ont inspiré le titre du présent ouvrage. Cette image représente une visite familiale à l'hôpital. Contre la fenêtre, une silhouette solitaire représente l'isolement, les ténèbres, la maladie et la mort. Au premier plan, un adulte et un enfant s'embrassent, symbole d'union, d'amour, de santé et de vie. Au centre, le patient semble osciller entre les deux pôles. Près de lui, une chandelle veille.

Lavabo [*Sink*]

Cette œuvre étudie l'influence du cancer sur le couple. On ne peut dire avec certitude qui, de l'homme ou de la femme, est malade. À mon sens, ce pourrait bien être l'homme, bien que la plupart des gens croient le contraire.

Ils partagent le même lit, mais ils sont loin en pensées. Pendant que l'homme dort, sa compagne réfléchit en fixant le plafond. Le flot de ses pensées est symbolisé par l'eau qui jaillit du robinet. Pour moi, le lavabo a deux significations : si l'eau symbolise la vie, elle représente aussi la vie qui s'écoule. La main de l'homme est tournée vers le haut, comme pour recueillir l'eau qui coule, ou pour s'accrocher à la vie.

Encore une fois, la composition de l'image est réduite à l'essentiel. J'ai voulu faire un tableau assez réaliste, qui illustre la troublante réalité, tout en conservant une dimension poétique.

Ci-dessus :
Sunrise [Lever du jour], 1991
Fusain sur papier 35 x 35 cm

Ci-contre :
Sink [Lavabo], 1990
Fusain sur papier, 35 x 36 cm

Sur cette page :
Healing [Guérison], 1990
Encre sur papier, 12 x 16,8 cm

Ci-contre :
Healing [Guérison], 1990
Acrylique sur toile, 61 x 91,4 cm

Guérison [*Healing*]

Mon studio fait face à la mer. Tout près, il y a une jetée : c'est une image que j'aime bien utiliser. Je crois que notre existence est chaque jour plus précaire, et c'est particulièrement vrai pour les cancéreux, qui vivent à la frontière de la vie et de la mort. En faisant le pont entre la terre et l'eau, la jetée symbolise bien cette condition psychologique.

J'admire le courage des malades, car il n'est pas facile de côtoyer ainsi la mort. Ici, l'homme en fauteuil roulant et sa compagne se sont avancés au bout de la jetée, comme des comédiens qui montent sur les planches pour jouer la scène de la guérison sous les feux du soleil.

Ballon [*Balloon*]

Cette idée a pris naissance dans le bureau de mon médecin, le Dr Ross Langley. J'étais venu lui montrer où j'en étais dans mon travail et il lui avait semblé que les images de guérison n'étaient pas assez nombreuses. Aussi lui avais-je demandé des suggestions et, après un moment de réflexion, nous nous étions arrêtés à l'idée d'une fête marquant la fin d'un traitement de chimiothérapie. Le concept a finalement pris forme lorsque je suis tombé sur une photographie de deux célèbres artistes mexicains : on y voit Diego Rivera se pencher pour embrasser sa femme malade, Frida Kahlo.

Au point de vue formel, ce dessin n'est composé que de formes courbes. Le titre m'a été inspiré par le ballon métallique gonflé à l'hélium; c'est un présent que l'on remet souvent aux patients. Il est ici symbole de réjouissance. On aperçoit sur le ballon un faible reflet, celui d'une infirmière qui assiste à la scène, comme un ange gardien.

Ci-contre :
Balloon [Ballon], 1990
Fusain sur papier, 35,6 x 35,6 cm

133

Retour au champ [*New Field*]

Cette petite aquarelle est l'une des rares images de ce livre qui ne renferme pas de présence humaine, bien qu'elle soit implicite. Le champ de blé symbolise la vie. On dit bien que le blé est l'aliment de la vie; comme d'autres céréales, le riz et le maïs, il a joué un rôle essentiel dans l'évolution de l'humanité.

Au premier plan, on aperçoit deux béquilles, symboles de la maladie. D'indispensables qu'elles étaient, elles sont devenues inutiles. Le patient s'est mis à marcher et est retourné à la vie.

Au cours des discussions que j'ai eues avec Susan Gibson Garvey, la conservatrice de la *Dalhousie Art Gallery* a souligné les sentiments d'étouffement et de claustrophobie qui se dégageaient de mon œuvre. C'est là une des différences fondamentales entre la maladie et la santé. La maladie provoque un repli sur soi; le patient ne voit que les limites de son lit. Les gens en bonne santé ont une vision généralement plus large : ils ont des intérêts, des amis, un travail, un milieu physique.

Dans ce livre, les images évoluent progressivement de la maladie vers la guérison, du repli vers l'ouverture. On peut y voir des fenêtres qui s'ouvrent graduellement, puis des gens qui commencent à sortir et, finalement, cette image d'un simple paysage.

Ci-contre :
New Field [Retour au champ], 1989
Acrylique sur papier, 25 x 34 cm

Photographies

Photographies couleurs : *Steve Zwerling Photography Limited*

Clichés des pages 22, 29, 43, 49, 53, 79, 86, 90, 94, 111, 112, 117, 124 et 131 : David Miller

Toutes les autres photographies : Doug Pope

Comment prévenir le cancer

On convient aujourd'hui qu'il est possible de prévenir la plupart des types de cancer. Vous pouvez adopter certaines habitudes qui vous permettront de réduire les risques de contracter la maladie. Voici pour cela une liste de recommandations approuvée par la Société canadienne du cancer.

1) Consommer des aliments riches en fibres : gruau, céréales, pain, pâtes, riz et légumineuses (lentilles, pois chiches, haricots secs, etc.).

2) Consommer plusieurs fois par jour des fruits et des légumes.

3) N'absorber qu'une faible quantité de matières grasses. Elles se présentent de plusieurs façons : graisse visible sur la viande et la volaille, invisible dans les produits laitiers, les pâtisseries, et graisse supplémentaire dans les sauces riches, le beurre et l'huile.

4) Éviter les aliments fumés, grillés, traités au nitrate, ou trop salés.

5) Essayer de conserver son poids idéal.

6) Réduire ou bannir l'alcool.

7) Ne pas fumer.

8) Éviter les radiations : exposition prolongée au soleil, radiographies non essentielles.

9) Éviter les activités occasionnant des contacts avec des substances cancérigènes.

10) Faire régulièrement de l'activité physique.

11) Entretenir de bonnes relations avec sa famille et vos amis. Soyez ouvert. Confiez-vous aux autres. Serrez contre vous ceux que vous aimez, tous les jours.

12) Se détendre. Une respiration profonde, l'activité physique et les techniques de relaxation ne peuvent pas nuire.

Il n'en tient qu'à vous de mettre en pratique ces suggestions. Pour ma part, j'ai adopté un programme macrobiotique qui les englobe toutes. Le terme *macrobiotique* peut s'interpréter par «vie heureuse» : ce régime sera profitable aux cancéreux et à tous ceux qui désirent une meilleure santé. Pour obtenir des renseignements, contacter :

Macrobiotics Canada
RR3 Almonte, Ontario
K0A 1A0
(613) 256-2665

Liste des illustrations pleine page

L'auteur

Robert Pope est né en 1956 à Halifax, en Nouvelle-Écosse. Fils
d'un pasteur de l'Église unie et d'une comptable, il a grandi dans
différentes petites villes de la province et a passé son adolescence
à Windsor (N.-É.). Il obtient en 1977 un baccalauréat en sciences
de l'*Acadia University* et, en 1981, un baccalauréat en arts plas-
tiques du *Nova Scotia College of Art and Design* de Halifax.

Les médecins lui découvrent un cancer en 1982. Pendant
cinq ans, il suit des traitements de façon sporadique à Halifax et
à Toronto. Durant cette période, il participe à plusieurs expositions conjointes un peu partout au pays.

Parmi ses expositions solo, notons *A Seal Upon Thine Heart*
à la *Saint Mary's University Art Gallery* en 1988 et, en 1989,
Accident au *Studio 21*. En 1989 et en 1990, une bourse du Conseil
des Arts du Canada lui permet de se consacrer entièrement au
projet *Illness and Healing*, présenté à la *Dalhousie Art Gallery* en
1991.

Robert Pope est décédé le 25 janvier 1992 des complications du
traitement à la suite d'une rédicive de son cancer. Il n'avait que
35 ans.